Lieutenant H. WAGNER

DE L'ARMÉE AUSTRO-HONGROISE
CORRESPONDANT DE GUERRE DE LA « REICHSPOST »

Vers la Victoire

avec les

Armées Bulgares

VERS LA VICTOIRE

AVEC LES ARMÉES BULGARES

LIEUTENANT H. WAGNER

Lieutenant H. WAGNER

DE L'ARMÉE AUSTRO-HONGROISE

CORRESPONDANT DE GUERRE DE LA « REICHSPOST »

Vers la Victoire
avec les
Armées Bulgares

TRADUIT DE L'ALLEMAND

Par le Commandant MINART

Préface de M. GESCHOW

PRÉSIDENT DU CONSEIL DES MINISTRES DE BULGARIE

Avec 24 gravures et 4 cartes hors texte

BERGER-LEVRAULT, ÉDITEURS

PARIS | NANCY

RUE DES BEAUX-ARTS, 5-7 | RUE DES GLACIS, 18

1913

Président du
Conseil des
Ministres.

Sophia, le 3|16 décembre 1912

Cher Monsieur Wagner,

Vous trouverez, ci-jointes, quelques lignes de ma main en langue bulgare. J'y joins ma dernière photographie, en regrettant que celle-ci ne soit qu'une carte postale. Mais cette épreuve est la meilleure que je possède actuellement.

J'espère que vous serez satisfait, et je reste votre tout dévoué.

I. E. GESCHOW.

T.-E. Geschow

Président du Conseil des Ministres de Bulgarie

PRÉFACE

A la suite de la publication, dans le *Times*, d'une série d'articles relatant les atrocités commises par les Turcs pendant l'année 1876, j'avais été, en septembre 1877, incarcéré dans la prison de Philippopoli.

C'est dans cette situation que, jetant un jour les yeux sur le journal *Vakit*, qui s'imprime à Constantinople, j'appris que j'étais condamné à mort parce que j'avais eu le courage de divulguer le mal constitutionnel dont la Turquie souffre et qui doit un jour entraîner sa disparition.

Les Turcs sont incorrigibles, au lieu de rechercher les moyens de guérison, ils condamnent sans phrases celui qui s'efforce d'appeler l'attention du monde civilisé, et de la Turquie elle-même, sur les lamentables conséquences de leurs procédés.

Trente-cinq ans plus tard, alors que, miraculeusement échappé à la potence turque, je me trouvais à la tête du Gouvernement bulgare, la situation sur les srives du Bosphore était demeurée la même : on se trouvait en présence de la même anarchie, les populations chrétiennes, les États voisins se voyaient menacés des mêmes dangers, les massacres de 1876 à Batak et à Peruschtschitza se renouvelaient à Uskub et à Kotschana, excitant de nouveau l'indignation de l'Europe.

Alors qu'en Bulgarie, la population ne cesse de s'accroître et de prospérer, la même race, dans les provinces soumises aux Turcs, tend chaque jour à diminuer et à s'appauvrir davantage.

C'est pourquoi, après de nombreuses tentatives d'accommodement, le peuple bulgare a compris, enfin, l'impossibilité d'une entente avec les Turcs. La nation entière applaudit, lorsque le condamné de 1877 déclara la guerre pour une cause noble et légitime : le salut d'un million de malheureux, l'élargissement du domaine de la liberté et de la civilisation.

GESCHOW,

Président du Conseil des Ministres
de Bulgarie.

VERS LA VICTOIRE

LES ARMÉES BULGARES

CHAPITRE I

L'ALLIANCE BALKANIQUE

L'historique complet et véridique de l'éclosion de l'alliance balkanique ne pourra être rédigé que plus tard.

Pour le moment, on en est réduit à des conjectures et à des dates plus ou moins exactes, témoignant du désir, assurément louable, qu'éprouvent les États confédérés d'entourer les prémices de leur union d'une auréole idéale.

En outre, les alliés feront tous leurs efforts pour prouver que, à l'origine, leur entente n'était pas dirigée contre la Turquie et que, bien au contraire, c'est la Porte qu'il faut rendre responsable de son exclusion volontaire du pacte reliant les États balkaniques.

Il y a déjà longtemps que les écrivains politiques, comme aussi la presse des divers États, avaient reconnu l'inanité et le danger des luttes qui, depuis la guerre de Crimée, déchirent les peuples chrétiens de la région des Balkans. On avait fini par comprendre que ces dissentiments fratricides constituaient un moyen déplorable pour obtenir une délimitation stable des sphères d'influence respectives.

Mais cette idée ne se répandit, à proprement parler, qu'à la suite de la guerre tripolitaine.

Cette guerre, la première que la Turquie constitutionnelle avait à soutenir, réveilla dans les États balkaniques le désir de liquider une bonne fois toutes les anciennes querelles avec l'Ottoman.

C'est de cette époque que datent les premières négociations en vue d'obtenir un premier résultat au cours même de la guerre italo-turque. On sait que des envoyés macédoniens vinrent à cette époque à Rome pour entamer des pourparlers à ce sujet.

Mais c'est surtout en Bulgarie que la guerre africaine secoua l'opinion publique. Depuis longtemps, certains hommes politiques affirmaient que, malgré les dissentiments existant avec la Serbie et la Grèce, il serait possible de lancer, au moment voulu, les trois puissances à l'assaut de la Turquie, quitte à remettre à plus tard le règlement des querelles personnelles.

L'avènement du parti jeune-turc ne retarda que de peu la réalisation de ce désir; la politique qu'il suivit, en blessant tous ses voisins, précipita la crise.

La persistance de la mauvaise administration macédonienne, dont les Bulgares ont déjà tant eu à souffrir, le retard apporté au règlement de la question crétoise, les aspirations serbes vers les anciennes provinces nationales maintenant occupées par les Turcs, le désir d'agrandissement du Monténégro, toutes ces raisons tendaient à décider les peuples chrétiens à s'unir contre l'ennemi commun.

Petit à petit, l'idée prit corps et attira l'attention des hommes d'État, Geschow, Pasic et Veniselos. Koromilas, le ministre des Affaires étrangères de Grèce, se montra partisan convaincu de l'alliance à laquelle ne demeurèrent pas non plus étrangers les représentants de la Grèce et de la Serbie à Sophia.

Les désordres intérieurs en Turquie, l'anarchie militaire, le soulèvement albanais menaçant Uskub, la chute enfin du régime jeune-turc et l'incertitude de ce qui allait le remplacer, tout devait contribuer à accélérer la conclusion de l'alliance.

Pour la Bulgarie, les massacres de Kotschana et d'Istip, la concentration de troupes turques autour d'Andrinople furent les prétextes décisifs.

On ne semblait pas devoir craindre une opposition de la part de la Russie, puisque, au moment de l'annexion de la Roumélie Orientale, Isvolsky avait, en séance de la Douma, accepté avec faveur le principe de l'alliance balkanique. Il est vrai qu'à cette époque le projet comprenait le concours de la Turquie.

Un premier projet d'alliance date du commencement de mai 1912. Tout permet de croire que la Serbie et la Bulgarie traitèrent d'abord entre elles, puis la Bulgarie avec la Grèce, tandis que les pourparlers entre Serbie et Monténégro passaient par l'intermédiaire de la Bulgarie.

Vraisemblablement, c'est la Serbie qui au début dirigea le mouvement, jusqu'au moment où la Bulgarie se décida à profiter de l'occasion et à prendre la tête. L'entente paraît avoir eu pour but dans ses premières phases les intérêts politiques et économiques, sans idée d'agression. Ce n'est que peu de temps avant la guerre que le problème de la coopération militaire se posa.

De même, on n'arrêta, comme les faits l'ont montré, que les grandes lignes des questions territoriales.

Il est assez curieux de constater que les divers hommes d'État qui ont pris part à la genèse tourmentée de cette alliance, s'en rejettent mutuellement la responsabilité. Au cours de la guerre, Geschow félicitait Pasic dans lequel il voyait l'initiateur de l'entente tandis qu'au même moment ce dernier et Veniselos rendaient grâce au ministre bulgare.

On n'est, en général, pas très accord sur la durée probable de l'alliance, mais il faut espérer que les grands résultats obtenus depuis l'éclosion de l'entente, décideront les confédérés à maintenir leur féconde coopération et que, dans ces conditions, la guerre balkanique, cessant d'être un cauchemar pour l'Europe, rendra à ces régions la paix que la politique des grandes puissances ne cesse de réclamer.

CHAPITRE II

LA PRÉPARATION DE LA GUERRE

—

Peu de temps avant l'ouverture des hostilités italo-turques, le président du Conseil bulgare, M. Geschow, avait commencé une cure à Vichy. La déclaration de guerre lui faisait reprendre la route de Sophia viâ Vienne.

Le premier ministre avait immédiatement compris que les intérêts bulgares en Turquie allaient se trouver menacés.

Pendant son absence, l'envoyé italien à Sophia, le comte Bosdari, notifiait au ministre des Finances, Teodor Teodorow, chargé de l'intérim des Affaires étrangères, la déclaration de guerre à la Turquie, en invitant la Bulgarie à respecter le *statu quo*. L'avisé Teodorow répondait : « Nous suivrons éventuellement votre exemple. »

Geschow possède au plus haut point le sentiment de la responsabilité, jamais il ne s'engagera dans une affaire dont l'issue lui semblera incertaine. Il résolut d'observer comment la lutte allait se dérouler en Afrique et dans la mer Égée, puis d'apprécier dans quelles conditions la Turquie se montrerait reconnaissante de la neutralité conservée par la Bulgarie.

A son retour de Vichy, Geschow réunit à Vienne

les diplomates bulgares qui se trouvaient encore en congé. Une sorte de conférence groupa, à l'hôtel « Krantz », l'ambassadeur bulgare à Paris, Stanciow; celui de Vienne, Salabaschew; celui de Rome, Rizow; celui de Berlin, Ivan Stepan Geschow, le propre cousin du président du Conseil.

Cette réunion, comme beaucoup d'autres faits dont on ne peut divulguer les détails qu'aujourd'hui, fut extrêmement intéressante. Le président du Conseil désirait savoir comment chacun des diplomates présents jugeait la situation.

M. Salabaschew, ministre à Vienne, aurait pris la parole le premier dans le sens suivant :

« En 1908-1909, les circonstances auraient été plus favorables à une guerre; à ce moment, la Turquie était complètement désorganisée; toutefois, ministre des Finances à cette époque, j'inclinais vers une solution pacifique dont je suis encore partisan à l'heure actuelle, parce que je ne crois pas que nos relations avec les autres États balkaniques soient de nature à nous permettre d'exploiter le succès éventuel. »

Il ne paraît pas que M. Salabaschew ait cru devoir expliquer plus complètement sa manière de voir.

Le ministre à Berlin, tout en s'exprimant d'une façon différente, aurait été du même avis. Il n'estimait pas opportun de chercher pour l'instant à résoudre par les armes les difficiles problèmes de la situation.

Ivan Stepan Geschow, dont le nom est inséparable de la déclaration de l'indépendance, avait, comme ministre à Constantinople, tout mis en œuvre pour persuader à son gouvernement que l'heure était venue d'en venir aux mains avec la Turquie pour lui arracher la solution des questions pendantes. Mais, comme la guerre n'avait pas éclaté, il considérait qu'une lutte entreprise à l'heure où les puissances proclamaient le principe du *statu quo* serait déplacée.

Le ministre à Paris, le Dr Dimitri Stanciow, qui avait été ministre des Affaires étrangères dans le belliqueux cabinet Petkow et qui, déjà en 1906, malgré les avertissements pacifiques du roi Édouard, avait fait des déclarations enflammées au Sobranié, ne paraissait pas être de l'avis de ses collègues actuels Salabaschew et Ivan Stepan Geschow.

Stanciow estimait qu'il ne fallait pas prendre trop au sérieux la déclaration des puissances relative au *statu quo*, d'autant plus que l'une d'elles, l'Italie, était justement en train de le méconnaître. Rien, du reste, dans l'attitude de la Turquie ne permettait d'espérer une amélioration de la condition des Bulgares. Les idées belliqueuses clairement exposées par Stanciow furent appuyées très énergiquement par M. Rizow, ministre à Rome. Ce dernier est un orateur fougueux et un « debater » distingué. Il est expert en révolutions, et toute sa manière d'être dénonce ses affinités pour la politique militante. C'est lui qui, à l'époque des préparatifs de l'annexion de la Roumélie Orientale, ne cessait de parler au prince A. de Battenberg de cette « nécessité nationale ».

Si je suis bien informé, Rizow se serait exprimé de la façon suivante : « Pourquoi épiloguer sur les fautes passées? 1908 et 1909 sont des occasions perdues qui ne se retrouveront plus. La guerre tripolitaine, elle aussi, finira et une nouvelle ère de terreur s'ouvrira pour nos nationaux qui vivent sur le territoire ottoman. Une fois de plus, la Macédoine verra couler le sang bulgare, la Turquie achèvera de construire ses chemins de fer stratégiques; l'argent nécessaire, elle saura le trouver.

« Nous devrons alors, à chaque provocation nouvelle, baisser un peu plus la tête, jusqu'au jour où les armées turques envahiront la Bulgarie méridionale. A ce moment, nous ne devrons pas trop compter sur les puissances européennes. Aujourd'hui, la Turquie est vulnérable à nos coups, demain peut-être serons-nous exposés sans défense aux siens. » Rizow a également montré combien le soulèvement nationaliste albanais était dangereux pour la Turquie. D'après les renseignements que j'ai recueillis dans les cercles politiques bien informés, Rizow aurait exposé la situation de la Bulgarie vis-à-vis des autres États balkaniques ainsi qu'il suit :

« L'alliance est utile, mais elle n'est pas indispensable pour pouvoir faire la guerre à la Turquie. D'autre part, elle est jusqu'à un certain point avantageuse, car elle permet d'assurer l'unanimité des États des Balkans. Un fait est certain : qu'ils soient alliés ou non, tous se jetteront sur la Turquie, entraînés qu'ils seront par l'exemple de la Bulgarie. « Rizow, qui a été ministre à Cettigne et à Belgrade, après avoir été consul général à Monastir et qui connaît bien la Grèce, résumait la situation de la manière suivante : « Le gouvernement bulgare est de ceux qui : 1° savent ce qu'ils ne doivent pas faire; 2° ce qu'ils doivent faire; 3° comment on peut peser sur les circonstances pour rendre possible ce qui doit être fait. »

Le président du Conseil Geschow est un parlementaire averti, il a été également président de la Chambre. Ces diverses fonctions lui ont donné l'habitude d'entendre émettre des opinions. Ce qu'il pensa à ce moment, il ne jugea pas à propos de le dire, mais le lendemain, il rencontra dans les environs de Vienne le roi Ferdinand qui, venant de son château d'Ebental, regagnait la Bulgarie.

Geschow, également, ne tardait pas à revenir à Sophia, roulant dans son esprit tous les arguments pour ou contre la guerre dont il ne cessait de caresser l'éventualité.

La Bulgarie allait marcher à pas de géant vers l'ouverture des hostilités.

Toutefois, jusqu'aux jours qui précédèrent la mobilisation, on pouvait espérer que les sentiments pacifiques bien connus de Geschow prendraient le dessus. Mais le sort en était jeté depuis longtemps. Sophia et la Bulgarie tout entière voulaient la guerre.

A la suite de l'occasion perdue en 1908-1909, au moment de la proclamation de l'indépendance, les démocrates avaient perdu la sympathie de la jeunesse, et bientôt après l'ensemble de la population, dont ils possédaient auparavant la confiance, se détachait d'eux. A plusieurs reprises, le gouvernement démocratique avait été l'objet de démonstrations hostiles, et le ministre de l'Intérieur, Michaïl Takew, avait dû déclarer qu'il était obligé d'éloigner de Sophia les chefs macédoniens, et de les interner en province. Les ministres démocrates avaient même à craindre pour leur vie. Liaptschew, macédonien de Monastir, chargé du ministère des Finances, cherchait en vain à provoquer une guerre qu'il regrettait de ne pas avoir vu éclater plus tôt. Ses collègues étaient d'un avis différent et obéissaient aux suggestions qui leur étaient venues de Saint-Pétersbourg. L'heure de la crise politique avait sonné La nation, elle aussi, aspirait à voir un autre parti prendre la direction des affaires; aux élections pour le Grand Sobranié, le parti démocratique n'avait recueilli que peu de voix.

Le roi Ferdinand amena le cabinet Malinow à démissionner, et il fit appel à la coalition des partis « nationaliste » et « progressiste », dont les représentants désignèrent tous deux Ivan Eostratiew Geschow pour la présidence du Conseil. Le Dr Danew, chef des progressistes, n'entendait pas faire partie du Cabinet, dans lequel, cependant, il faisait entrer quatre de ses meilleurs amis politiques : Alexandre Ljudskenow, le gendre de Dragan Zankow, Anton Frangia et Dimitri Christow. Geschow amenait aux affaires l'avisé ministre des Finances Teodor Teodorow et Stepan Bobtschew. Le ministère de la Guerre était confié au général Nikiforow, qui avait été longtemps ministre à Berlin.

Danew fut nommé président du grand Sobranié qui, réuni à Tirnovo, élaborait les changements reconnus nécessaires à la Constitution à la suite de la déclaration d'indépendance. Il demeura ensuite président du Parlement. Cette mesure était judicieuse, car, dans les temps troublés qui s'annonçaient, le Parlement avait besoin d'être guidé par un homme de la valeur de M. Danew.

Le Roi eut occasion de constater, au cours de la session de Tirnovo, que sa politique pacifique lui avait aliéné une partie de sa popularité. A l'Assemblée nationale même, une voix, partie des groupes d'opposition, cria : « A quoi bon la royauté ? Qu'avons-nous gagné à ce que notre prince porte maintenant le titre de roi ? »

De semblables manifestations, qui n'étaient pas sans faire impression sur le Roi, ne furent pas isolées. Ferdinand est le représentant des aspirations nationalistes bulgares, il avait assumé ce rôle bien avant d'être devenu le « roi des Bulgares », bien avant la déclaration d'indépendancc et la guerre actuelle. Dès les premières années de son entrée en Bulgarie, on avait pu voir que son acceptation de la couronne n'était pas uniquement le geste d'un aristocrate cherchant à occuper ses loisirs.

A l'heure même où le grand Sobranié, réuni à Tirnovo, l'acclamait comme prince de Bulgarie, Ferdinand avait étudié l'histoire de son pays d'adoption et il connaissait déjà les besoins et les aspirations de la Bulgarie.

C'est à Vienne, alors que Ferdinand suivait les cours de l'Académie Marie-Thérèse, qu'il entendit pour la première fois parler de la Bulgarie. Le Dr Stanciow, qui devait être plus tard ministre à Paris, était alors étudiant à Vienne et donna au futur prince ses premières notions de langue bulgare.

Peu de temps après son arrivée dans la principauté, Ferdinand avait déjà acquis une grande influence. Ce jeune homme de vingt-cinq ans sut s'intéresser à tout, et ses nombreux voyages à travers la Bulgarie lui firent connaître le pays mieux que n'importe quel autre Bulgare.

Littérateur brillant et excellent orateur, ses premières harangues, prononcées du haut du balcon du palais de Sophia, excitaient déjà l'enthousiasme de la foule, acclamant bien plus l'orateur vibrant que le Prince dont la popularité n'avait pas encore eu le temps de s'établir.

Le regard du Prince est sans cesse en mouvement; par instants, l'œil se voile à demi, soit qu'il s'agisse de concentrer plus profondément l'impression, soit que Ferdinand veuille soustraire ses réflexions aux influences extérieures.

Un jour, un député d'extrême gauche faisait du scandale au Sobranié, le Prince n'hésita pas; s'approchant du perturbateur, il le fixa un moment sous son lorgnon, comme il aurait fait d'une bête curieuse, puis lui demanda : « Et après? » La réponse ne vint pas, l'énergumène avait précipitamment battu en retraite.

Un autre trait est caractéristique, car il donne la mesure du courage personnel du Prince. Un lion de sa ménagerie s'était échappé; loin de fuir, Ferdinand assista avec curiosité à la salve qui tua l'animal.

Bien souvent, des politiciens qui n'avaient pas ménagé le Roi, soit dans la presse, soit à la tribune, venaient lui demander audience.

Le Prince leur faisait un accueil courtois et leur demandait : « Avez-vous complété votre documentation sur la question? » Ce sont ces critiques de la première heure qui devinrent plus tard ses partisans les plus dévoués. Une pareille évolution attendit le chef du parti démocrate, qui plus tard, devenu président du Conseil des ministres, assurait le Roi de son entier dévouement.

Petkow, devenu également président du Conseil, avait débuté, lui aussi, par une opposition violente; une fois au pouvoir, il fut assassiné en raison de l'ardeur avec laquelle il cherchait à contrebattre les idées avancées et anti-royalistes au sein de l'Université qu'il avait licenciée.

Karavelow, soumis à l'influence russe et ennemi déclaré du « Cobourg », disait un jour, après avoir été, au cours d'une crise ministérielle, convoqué au palais : « Nous avons un Prince de premier ordre! »

Le roi Ferdinand s'entend à retourner l'opinion en un clin d'œil. Les partis d'opposition se sont montrés trop hostiles envers lui au début de son règne ; la Constitution rendait presque impossible l'exercice du pouvoir, c'est d'elle qu'un consul russe disait un jour à un publiciste italien : « Tout prince qui ne sera pas russe, se cassera la tête contre elle ».

Mais Ferdinand résista, tout en maintenant le libre jeu de la Constitution ; sous son influence, les politiciens les plus fougueux devinrent de paisibles constitutionnels. Comment un pareil résultat fut obtenu, c'est le secret du Roi. Un fait subsiste : tous les hommes d'État bulgarés sont à l'heure actuelle profondément dévoués au souverain.

Sa popularité avait cependant baissé avant la guerre, par suite du refus de la part du Cabinet démocrate Malinow, fortement influencé par Isvolsky, de déclarer, en 1908-1909, la guerre que la nation attendait avec impatience.

Toutefois, on savait qu'il ne fallait pas perdre tout espoir de voir les aspirations nationales se réaliser sous la volonté du Roi, et que celui-ci déclancherait la guerre à l'heure où la volonté nationale se montrerait unanime.

Après les massacres organisés par les Turcs à Istip, vinrent ceux, plus terribles encore, de Kotschana. C'était à l'été dernier ; quelques jours plus tard, de nombreux meetings se réunissaient dans toute la Bulgarie, et de toutes parts le peuple exigeait la guerre. Le Roi pacifique pouvait jeter un coup d'œil rétrospectif sur ses vingt-cinq années de règne et admirer les brillants résultats obtenus dans cette longue période de paix. Mais celle-ci pouvait-elle être maintenue encore, à l'heure où le paysan, l'employé, le négociant, les ministres, tous enfin ne voulaient que la guerre ? Le vingt-cinquième anniversaire de l'avènement du Prince tombait le 18 août; comme vingt-cinq ans auparavant, Ferdinand faisait à cheval une entrée triomphale dans Tirnovo, la traditionnelle capitale bulgare.

Sur le plateau historique de « Marno Polie » se déroulait une superbe revue des troupes prêtes à entamer les manœuvres, et à cette solennité assistaient tous les hommes d'État, même ceux appartenant à l'opposition.

« Le prince héritier Boris défilait en tête des troupes devant son père, le peuple manifestait un enthousiasme extraordinaire.

« Les armes brillaient au soleil levant et leurs scintillements éclairaient la route du Sud... » C'est dans ces termes qu'un jeune diplomate bulgare, Constantin M. Georgiew, racontait cette journée mémorable dans la *Westscherna Posta*.

J'ai conservé cet article prophétique, qui me tomba à ce moment pas hasard sous les yeux. En le lisant, j'avais compris que je ne tarderais pas à retourner, comme correspondant de guerre, dans cette Bulgarie que je connais bien et qui m'intéresse depuis longtemps.

A l'issue de la revue, le Roi salua cordialement les généraux dont quelques-uns reçurent des décorations, tandis que d'autres se voyaient l'objet d'une promotion. Le Roi conserva longtemps dans la sienne la main du général Fitschew.

La suite de la cérémonie se déroula dans le pavillon royal, où attendaient les diplomates et les ministres.

Dans sa réponse aux représentants des puissances

étrangères, présentés par leur doyen, le ministre italien comte Bosdari, le Roi déclara que la Bulgarie saurait s'assurer la place historique à laquelle elle avait droit « au soleil d'Orient ». En disant ces mots, le Roi interrompit un moment sa lecture et, quittant des yeux le texte écrit de son discours, il fixa délibérément les diplomates et attachés militaires qui l'entouraient.

Un second incident caractéristique signala la cérémonie quand le président du Parlement, M. Danew, harangua le souverain, demeuré jusque-là partisan de la paix.

Après avoir énuméré les résultats extraordinaires obtenus au cours du règne dont on célébrait le jubilé, Danew ajoutait: « Et ce qui nous manque encore, ô Tsar, viendra avec le temps...! »

Cette revue constitua une manifestation belliqueuse, elle préparait le manifeste royal enjoignant à l'armée bulgare de franchir la frontière turque.

On peut dire que Ferdinand sut attendre vingt-cinq ans le moment où, d'un élan unanime, les Bulgares, cessant d'escompter une intervention des puissances européennes, s'en remettraient à leur Tsar, au chef suprême de l'Armée, pour assurer les destinées nationales.

Le moment était bien choisi, le Roi avait réussi à unifier à la fois l'armée et les divers partis politiques auxquels il avait su imprimer une sage direction nationaliste.

Les populations des régions conquises donnent au Roi le nom de « Tsar libérateur », les nationalistes de Sophia l'appellent déjà « Ferdinand le Grand ».

C'est en se couvrant de l'autorité royale que Geschow prépara la lutte.

Dix ans durant, faisant partie de l'opposition en sa qualité de « chef du parti national », Geschow n'avait cessé de critiquer amèrement les préparatifs de l'émancipation de la Macédoine. A maintes reprises, tant à la tribune que dans son journal *Mir*, il s'était élevé contre ce qu'il appelait toujours « le cliquetis des sabres ». Élevé en Angleterre, Geschow est d'un tempérament calme et s'incline devant le fait accompli. Son caractère conservateur le pousse à ne se décider que lentement, mais, sa décision une fois prise, il en poursuivra l'exécution avec un calme tout romain.

En prenant, des mains de Malinow, la succession des Affaires étrangères et la présidence du Conseil, il savait qu'il aurait à mener à bien ce que son prédécesseur n'avait pu accomplir. Geschow, peu après son arrivée au pouvoir, visita les grandes villes du royaume et exposa, dans son discours-programme, qu'il était partisan de la paix et d'une politique turcophile, sous réserve que les agissements du parti jeune-turc ne blesseraient pas l'opinion publique bulgare.

Cet homme d'État avisé, qui cherche toujours à s'appuyer sur le sentiment national, est considéré à juste titre, même par ses adversaires, comme le plus grand parlementaire de la Bulgarie. A la suite d'incidents à la frontière turque, l'opinion publique ne devait pas tarder à s'émouvoir. Un capitaine bulgare avait été assassiné, avec des raffinements de férocité, par des réguliers ottomans. Des incidents semblables se renouvelèrent, puis la guerre de Tripolitaine éclata. On peut affirmer que cet événement n'avait pas été prévu par les plans méthodiques de Geschow.

Cet homme d'État est une personnalité intéressante. Presque tous ceux qui le connaissent disent qu'il est à peu près impossible de savoir ce qu'il compte faire. Ses tendances personnelles l'orientent dans une voie strictement conservatrice, mais on le verra, suivant les circonstances, agir tantôt d'une manière conservatrice, tantôt d'une manière libérale. Tout contact avec lui évoque l'image d'un homme d'État anglais. Sont modèle préféré est Lord Salisbury. Geschow donne l'impression d'un homme politique d'un esprit profond et philosophique. Il ne dévie pas de la route tracée pour atteindre le but qu'il s'est assigné, et cette constance de vue, il ne l'a pas seulement montrée dans la politique; le but qu'il s'était donné dans sa vie privée, il l'a également atteint. Geschow appartient à une des plus anciennes et meilleures familles de Philippopoli. Les nombreux voyages accomplis en Angleterre et en France, une fois ses études terminées, complétèrent son instruction. Au début de sa vie, il se révèle comme poète, et son *Bijou caché* est un des ouvrages les plus estimés de la littérature bulgare. Plus tard, il s'annonce comme financier avisé, et il est nommé directeur des Finances sous Kristewitsch Pacha, gouverneur de la Roumélie Orientale. A la suite de l'annexion, il arrive à Sophia et joue immédiatement un rôle important dans la vie politique dans laquelle il débute. A la mort de Stoilow, ses brillantes qualités le désignent tout naturellement pour le poste de chef du parti national, le plus important du pays.

Il n'est pas possible de faire la guerre sans une bonne préparation financière. Dans une telle occurrence, le ministre des Finances acquiert une importance égale à celle du ministre de la Guerre. Teodor Teodorow est, lui aussi, une des lumières du parti national. Agé de cinquante-neuf ans, il a conservé toute la fougue de la jeunesse. Ses puissantes facultés oratoires l'ont fait surnommer « le Tigre » et c'est sous cette forme qu'il apparaît souvent dans les caricatures que les journaux illustrés colportent sur la voie publique.

Quand il prend la parole, on a tout d'abord l'impression qu'il saura se maintenir dans le domaine de la dialectique sans sortir de son sujet. Mais il ne tarde pas à s'animer, et, pour peu qu'on l'interrompe, chacun de ses mots acquiert un éclat merveilleux. Teodorow est un orateur inépuisable, sachant improviser pendant des heures entières, et qui n'a jamais à rougir de la comparaison de ses paroles avec la sténographie. Il a vécu longtemps à l'étranger, à Paris notamment, et revint en Bulgarie quand il dépassa la trentaine. Il se signale alors au cours des journées révolutionnaires de Rutschuk, inspirées par la haine de la Régence et le désir de voir un gouvernement régulier succéder à celui de Stambouloff. Teodorow protesta contre le traitement que les partisans de Stambouloff voulaient faire subir à leurs adversaires. Quand, en 1893, le Régent, peu de temps avant sa fin, mettait en jugement le métropolite Clement auquel il reprochait son intrusion dans la politique, Teodorow se constituait son défenseur et prononçait en faveur du prélat un superbe plaidoyer. Il prenait à cette époque contact avec le futur président du Conseil Stoilow.

Lorsque ce dernier arrivait aux affaires, Teodorow devenait, en 1894, président du Sobranié, et, deux ans après, il était ministre des Finances.

Teodorow montra, dans ces nouvelles fonctions, une aptitude extraordinaire; aucun de ses adversaires ne pouvait le surpasser dans les questions spéciales de son ressort; lui et son collègue Madjarow, ministre des Chemins de fer, sillonnèrent le pays de voies ferrées traversant les monts Staraplanina et apportant à la Bulgarie la vie et le développement économique nécessaires.

Ministre des Finances dans le cabinet actuel Geschow, Teodorow réussit à constituer un trésor de guerre sans presque faire appel à l'appui de l'étranger. Cet homme politique est doué d'une merveilleuse faculté d'assimilation. Au cours de l'été dernier, pendant un séjour à Paris, il s'était rendu compte de l'impossibilité de contracter un emprunt sur les marchés européens, en raison de la tension politique et des conditions draconiennes qui seraient faites; il s'efforça en conséquence de trouver sur le territoire national les ressources indispensables.

Aux 50 millions disponibles et aux économies résultant de sa bonne administration, le ministre réussit à ajouter 100 millions de papier-monnaie, puis 200 millions d'effets, sans que cette émission causât de crise. Grâce à la préparation méthodique de la réquisition, on put éviter l'emprunt extérieur.

Teodorow disait à ce sujet : « Le paysan de chez nous est heureux, il est propriétaire foncier, les moissons des dernières années ont été excellentes; avec la mi-octobre s'ouvre pour lui la période du repos, sauf quelques vignerons, personne n'a plus rien à faire qu'à dormir et à consommer les denrées mises de côté pour l'hiver. Que la guerre commence, et la situation du paysan ne sera pas plus mauvaise, s'il survit. Son cheval, son bétail seront pris par la réquisition, et à l'issue de la campagne, il sera largement indemnisé. En outre, l'État assure sa nourriture et son habillement.

Pour les populations rurales, une guerre en automne n'est pas un dommage, et cette considération a son importance.

« Quant aux bourgeois, ils n'auront qu'à se résigner et à faire comme les autres. »

La question financière réglée, Teodorow demanda au général Nikoforow, ministre de la Guerre, s'il était prêt, bien qu'il fût par avance assuré de la réponse.

Teodorow était partisan décidé de la lutte. Déjà au cours de sa campagne contre les belliqueux stamboulowistes et démocrates, il avait énergiquement affirmé « que les bonnes relations avec la Turquie étaient nécessaires, mais que si cette puissance ne voulait pas les entretenir ou n'en comprenait pas la valeur, il ne resterait qu'à faire la guerre, mais, pour Dieu! disait-il, pas de bruit! Un peuple comme le nôtre n'a rien à gagner à des préparatifs trop bruyants ».

Après les massacres de Bulgares à Istip, Teodorow disait un jour au président du Conseil : « Au point de vue finances, je suis prêt à toutes les éventualités. » Ceci se passait l'été dernier, quand Danew était revenu de Livadia, où il avait été, comme chef de mission, saluer le Tsar.

Que pense le ministre des Finances de la situation financière à l'issue de la guerre? Le budget de la Bulgarie s'élevait jusqu'à présent à 200 millions. D'après les estimations d'hommes compétents, les dépenses de l'année 1914 monteront à 350 millions, car la Bulgarie veut non seulement reconstituer son armée, mais encore développer son réseau ferré vers la mer Egée. Un pont sera vraisemblablement jeté sur le Danube en face du village roumain de Karabia. On reliera ainsi les lignes européennes aux lignes bulgares, puis à Salonique, si cette ville devient bulgare, ou à Kavalla, ce qui représente un parcours kilométrique identique. Il y aura encore des chemins de fer stratégiques à construire. Toutes ces dépenses font prévoir un grand emprunt sur les marchés étrangers, et l'éventualité d'une conversion des emprunts précédents.

CHAPITRE III

LA VEILLÉE DES ARMES

———

La mosquée de Gjul-Dschamija est une des principales curiosités de Sophia. Le minaret élancé qui la surmonte et qui domine la ville moderne évoque des souvenirs lointains, et cependant, il n'y a pas bien longtemps que de son sommet le muezzin laissait tomber sur la ville turque « l'Allah il Allah » devant lequel s'inclinent les croyants. La mosquée possède une coupole, sa hauteur et sa largeur sont d'environ 10 mètres. Le plan évoque celui du Panthéon romain.

Suivant une légende, l'édifice aurait été construit par Trajan pour servir de temple. Sous Constantin le Grand, l'édifice fut consacré au culte chrétien et dédié à saint Georges. Lors de l'invasion musulmane, l'église fut transformée en mosquée, à laquelle s'ajouta le minaret. Aujourd'hui encore, elle a conservé cette destination, et on y lit journellement le Coran.

Il y a deux autres mosquées à Sophia : Tscherna-Dschamija, la Mosquée Noire, devenue église orthodoxe, et Bujuk-Dschamija, qui abrite le Musée national.

Si les deux mosquées rappellent le souvenir de la Sophia musulmane, l'église monumentale consacrée au « Tsar Libérateur » et les bulbes dorés de la nouvelle église russe témoignent de l'influence russe dans la Bulgarie moderne. Le minaret et la coupole byzantine se dressent face à face; ils donnent, par leur antagonisme, la raison de la guerre actuelle.....

Derrière de hautes et solides grilles, recouvertes de frondaisons tachées par la rouille, brillent quatre fenêtres du « Dvorec », petit palais royal. C'est là qu'à une heure tardive, l'avisé Cobourg poursuit, bien avant dans la nuit, le travail obstiné qui doit assurer à la Bulgarie l'hégémonie sur les voisins momentanément enrôlés sous la commune bannière.

Aujourd'hui, le roi Ferdinand devait rallier le grand quartier général de Stara Gora, mais au dernier moment le voyage avait été remis. L'armée bulgare a terminé sa concentration, elle est à pied d'œuvre pour entamer les opérations contre Andrinople et Kustendil, elle attend avec impatience l'arrivée de son chef suprême.

Tout est prêt : le ministre ottoman a retenu ce soir un wagon-salon à destination de Rustchuk, les nombreuses éditions spéciales publient, dans les limites permises par la censure militaire, des nouvelles alarmantes de la frontière; tout le monde a l'impression que le sort en est jeté, la guerre est l'objet du désir de tous, chaque Bulgare brûle de se mesurer avec l'ennemi héréditaire. Et malgré tout, la rumeur persiste à courir dans les hôtels et dans les cafés que la guerre pourrait être évitée. Le fait que cette éventualité puisse encore trouver des partisans montre d'une façon caractéristique l'état d'âme des Bulgares à la veille d'une lutte sanglante et terrible. Les conversations avec des officiers de grade élevé, avec des employés, montrent que les Bulgares ne veulent pas faire la guerre uniquement pour l'amour de l'art, mais qu'ils la considèrent comme un événement inéluctable. Extérieurement, les Bulgares paraissent calmes et graves, mais tous se demandent anxieusement : « Réussirons-nous ? »

Dans mon voyage de Belgrade à Sophia, j'avais pu constater de nouveau l'abîme qui sépare depuis toujours les caractères serbes et bulgares, et que la « camaraderie de combat » actuelle paraît avoir comblé en partie.

Comme je l'ai déjà annoncé par télégramme, j'avais comme compagnon de wagon le célèbre chef de bandes serbe Jvié, et l'ancien ministre bulgare, général Liaptschew. Le comitadji, véritable type de Fra Diavolo sous son accoutrement serbo-macédonien, témoignait d'une haine féroce contre l'Autriche. Il évitait de parler des Bulgares, et ne cachait pas les profonds sentiments d'envie que lui procuraient les louanges adressées aux vaillants Monténégrins. Il ne parlait qu'avec mépris de ces frères des Serbes, et prétendait que Nikita ne se serait jamais hasardé à pénétrer en Albanie s'il n'avait été certain de savoir sa frontière occidentale bien gardée. Le bouillant Serbe déblatérait contre tout ce qui n'était pas « srbijansko » et faisait preuve d'un véritable délire. En entendant toutes ces fanfaronnades, je ne pouvais m'empêcher de me rappeler le dicton kroate qui plaisante ce genre de Serbo-Gascons : « Un ciel serbe, de couleur serbe, où se trouve un Dieu serbe, servi par des anges serbes, jouant de la musique serbe ».

Notre comitadji veut, bien entendu, annexer la Macédoine tout entière, et, suivant lui, les frontières de la « Greatest Serbia » seront limitées par l'Adriatique et la Mer Égée. Dans son imagination dévergondée, le Danube, la Save, la Drina ne constituent pas des frontières infranchissables.

Il est vraiment extraordinaire que le Serbe ne sache jamais raisonner sur des grandeurs connues, et que l'Histoire ne lui ait jamais rien appris. Certes, il y a dans le royaume des hommes raisonnables, sachant prendre les choses comme elles sont, mais ils doivent être en minorité, puisqu'ils ne sont jamais arrivés à imposer leur manière de voir.

Le compartiment contenait également un aubergiste de Belgrade, propriétaire d'arbres à résine, homme de quarante-six ans, cossu et ventru. Il avait vécu vingt ans à Constantinople, ses manières et son langage témoignaient d'une forte turquification. Il était comique de voir avec quelle terreur cet homme, qui n'avait de militaire que le képi, envisageait l'éventualité d'en venir aux mains avec les Turcs. Il n'avait jamais tenu de fusil entre les mains, et voilà qu'il allait être obligé de jouer de la baïonnette, pour tirer vengeance de la défaite du Champ-des-Merles.

Il ne cessait de critiquer amèrement la politique du ministre Pasic et sa colère tendait vers un diapason élevé. Pourquoi Pasic ne prenait-il lui-même le fusil et les bombes, pour aller en personne soutenir sa politique dans la Vieille-Serbie ?

On paraît, du reste, très mal disposé en faveur de cet homme d'État, auquel on reproche, pour justifier l'antipathie dont il est l'objet, son origine bulgare.

L'envoi en Bulgarie des divisions serbes du Timok et de la Morawa est très diversement apprécié. On dit que ces troupes auraient été plus utiles à la Serbie si on ne les avait placées sous un commandement bulgare, et employées en Vieille-Serbie au lieu de les envoyer sous ce même commandement sur Andrinople. Lorsque le train, marchant lentement, eut franchi le défilé de Dragomir gardé par des paysans bulgares armés, le général Liaptschew devint singulièrement loquace. Ses yeux brillaient de l'éclat de la jeunesse, quand par la fenêtre, il me montrait sur le terrain même l'emplacement de la bataille de Slivnica. Ici, à gauche de la voie, la croupe déboisée « Petrow Krst », où Benderew, avec de faibles forces bulgares, fit des prodiges de valeur; à droite, les hauteurs de Breznik, où, pendant quatre jours, les Serbes tentèrent vainement de réussir leur mouvement enveloppant. Ici, à la sortie du défilé, au sommet de la colline, se tenait le quartier général du prince de Battenberg. « Oui, ce fut une belle époque... », conclut le combattant de Slivnica. Puis, montrant en souriant un convoi serbe se dirigeant sur Kustendil, il rappelait qu'un jour, près de Vel Budscha, les Serbes avaient vaincu les Bulgares après une lutte acharnée.

Un croquis des emplacements des troupes pendant la bataille de Slivnica, dessiné sur mon album par le général, constituera un précieux souvenir de ce vétéran des luttes anciennes. Toutes les paroles de cet homme instruit et distingué témoignent d'un patriotisme éclairé, d'une foi profonde dans les destinées de son pays.

Quelques observations militaires. J'ai vu différents éléments appartenant au 2e et au 3e bans serbes.

Le 2e ban peut être considéré comme passable, les hommes sont jeunes et vigoureux. Le 3e, par contre, offre un spectacle curieux. Aucune trace d'esprit militaire, un ramassis de paysans émaciés et mécontents. On ne peut arriver à comprendre pourquoi ces hommes ont été rappelés sous les drapeaux, où ils ne pourront que ralentir l'élan des troupes actives. Ils pourront assurer la garde des voies ferrées, mais je ne les vois pas rendant des services derrière les ouvrages nouveaux qui forment la tête de pont de Semendria. Quand on songe aux interminables batailles livrées autour des ouvrages de Mukden, à tout ce qu'une pareille lutte exigera des nerfs, des forces physiques, de la résistance et de l'instruction de l'infanterie combattant sur des positions, de tels adversaires ne paraissent pas bien redoutables.

J'ai entendu dire, à Nisch, qu'une grande partie du 3ᵉ ban des autres divisions, abstraction faite des éléments destinés à garder les communications, avait été versée dans les combattants et envoyée à la frontière turque. Tous ceux qui ont vu passer ces hordes bigarrées se demanderont comment elles résisteront aux fatigues d'une campagne en pays de montagne.

Les troupes actives et le 2ᵉ ban en général paraissent former de bonnes troupes, bien équipées et bien armées. Toutes ces troupes sont pourvues d'uniformes gris neufs et d'épais manteaux d'hiver. Les nombreux blessés aux pieds ont bonne attitude. De même, il n'y a pas grand'chose à critiquer à l'observation de la discipline. Un assez grand nombre d'officiers retraités ont été rappelés sous les drapeaux, et pour beaucoup d'entre eux, n'était le signe distinctif de l'uniforme, on les confondrait avec leurs camarades de l'active.

Le matériel de campement, flambant neuf, ne paraît pas surcharger les paquetages. Le peu de cavalerie que j'ai vue m'a fait bonne impression. Les petits chevaux « bosniaques » paraissent vigoureux et en bon état. J'ai entendu dire que les attelages de l'artillerie étaient également bons.

En ce qui concerne la mobilisation des formations de réserve serbes, elle se serait effectuée, d'après les dires de personnes compétentes, avec un ordre et une rapidité sur lesquels on ne comptait pas. Le 1ᵉʳ ban était sur pied le sixième jour. C'est avec un complet dévouement que la population a obéi à l'appel aux armes, bien qu'il m'ait été possible de constater que le but et la nécessité de cette guerre n'étaient pas partout compris.

Seuls, les habitants des régions frontières se rendent compte de l'urgence d'une guerre. Les paysans des régions du Centre et du Nord ne pactisent pas avec le régime radical, ils se méfient des « Messieurs de Belgrade », particulièrement de Pasic, et cet état de choses donne la note caractéristique de la situation intérieure. Cette impopularité du Gouvernement se traduit parfois d'une façon particulièrement naïve.

La situation n'est pas du tout la même en Bulgarie. Là, on envisage la lutte comme une nécessité nationale, ne comportant aucun mouvement en arrière, acceptant tous les sacrifices. J'ai eu à plusieurs reprises l'occasion de m'entretenir avec des officiers, tous espèrent que la patiente préparation des années écoulées leur assurera le succès. Mais cette confiance s'exprime dans des termes autrement mesurés que ne le faisait le capitaine serbe qui, sur le quai de la gare de Tzaribrod, me donnait rendez-vous « à Stamboul ». L'esprit de sacrifice du peuple bulgare est tout à fait remarquable.

On voit des mères pousser leur fils favori à s'enrôler malgré qu'il soit exempt du service militaire et que ses deux frères soient déjà sous les drapeaux. Le président de la Chambre, Danew, a deux fils à l'armée, et lui-même se prépare à les rejoindre. Et cet exemple n'est pas unique : à une table de café quatre hommes, un professeur, un médecin, un avocat et un négociant jouaient aux cartes ; trois d'entre eux, Macédoniens d'origine, devaient partir le lendemain pour faire partie des bandes nationales.

Il est intéressant d'observer comment s'opère l'organisation des volontaires qui se destinent à cette guerre de partisans : une prairie sert de camp où ils apprennent à tirer et à lancer des bombes. Dès qu'un certain nombre d'entre eux peut être considéré comme instruit, il se forme un groupe dans lequel toutes les professions sont confondues et qui franchit la frontière.

Un de ces comitadji est un social démocrate enragé.

A l'Hôtel du Cerf-d'Or, les socialistes bulgares tiennent leurs agapes à une table séparée, autour de laquelle ils vaticinent sur les événements ; parmi eux, le plus ardent adversaire de la guerre était justement l'apprenti lanceur de bombes évoqué dans les lignes qui précèdent.

CHAPITRE IV

LA BULGARIE AVANT LA GUERRE

———

La Bulgarie est par excellence un État agricole, les trois quarts de la population s'occupent de travaux des champs, les villes n'absorbent qu'un quart des habitants, qui constituent les bourgeois. Ceux-ci prennent plus ou moins part à la politique. Les ruraux forment ce que le chef des démocrates, l'ancien président du Conseil Malinow, appelait la « masse non organisée ».

Cet homme politique a montré qu'un gouvernement, pour se maintenir, n'avait pas toujours besoin de s'appuyer sur une majorité, car, au moment où M. Alexandre Malinow arrivait aux affaires, il ne disposait que de deux partisans dans le Sobranié, dont l'un n'était autre que lui-même. Et malgré cette situation, il suffit de se rappeler comment le Cabinet Malinow sut, en 1908, proclamer l'indépendance de la Bulgarie, pour juger de l'énergie avec laquelle il s'entendit à gouverner.

Le paysan bulgare suit le gouvernement qui possède sa confiance et dans les promesses duquel il croit. Mais, comme on peut le penser, cette éventualité ne se produit pas toujours. C'est pourquoi certains partis, qui seraient parfaitement qualifiés pour saisir la barre, ne peuvent entrer en scène à un moment donné.

Ce ne sont pas toujours les nationalistes qui se sont montrés les plus aptes à gouverner lorsque la situation prenait un caractère éminemment national.

Pour plusieurs raisons, la population rurale accorde parfois plus de confiance aux partis modérés ou aux démocrates.

Il est bien entendu que le bon sens du Roi joue un grand rôle à chaque changement de ministère. Dans plusieurs circonstances, il a préféré faire exécuter par un parti un programme tout à fait opposé à celui qui lui avait servi de plate-forme, et lui faire mettre à exécution des projets auxquels il était résolument hostile.

Les démocrates étaient opposés à la déclaration d'indépendance, précédant l'émancipation de la Macédoine, et ils ne voulaient à aucun prix entendre parler de royauté. Par contre, ces objectifs figuraient en première place dans le programme des libéraux, représentés par le Dr Wassil Radoslawow et Dimitri Tontschew.

Malgré cela, lorsque, en 1907, le prince Ferdinand résolut de profiter de la première occasion pour se déclarer Tsar d'une Bulgarie indépendante, il ne fit pas appel au concours de l'ancien président du Conseil, le Dr Radoslawow, chef d'un parti important et que les démocrates avaient combattu avec la dernière violence en raison de sa politique impérialiste. Bien au contraire, il appela au pouvoir l'avocat Alexandre Malinow, devenu populaire par la vive campagne qu'il avait menée contre Radoslawow et Tontschew, et qui, à la mort du célèbre Petko Karavelow, avait été choisi comme chef du parti démocrate.

Plus tard, quand le Roi fut convaincu que la guerre était inévitable en raison de l'attitude du parti jeune-

Le Tsar Ferdinand de Bulgarie

turc dont les excès avaient dépassé ceux du régime hamidien, il ne se servit pas des Stamboulovistes, qui ne furent maintenus au pouvoir que pendant le temps nécessaire à la préparation de l'armée à la lutte prochaine ! Quand le moment critique arriva, le Roi songea aussitôt à Geschow, au chef du parti national conservateur, que l'opinion belliqueuse avait tant de fois violemment attaqué dans les journaux, dans les réunions publiques et au Sobranié.

De fait, il est exact que Geschow était turcophile et partisan décidé de la paix.

Mais le roi Ferdinand, qui connaît à fond les hommes avec lesquels il s'est entretenu une fois, savait ce qu'il était en droit d'attendre de M. Geschow.

Il savait que Geschow, l'homme le plus riche de la Bulgarie après le Roi, et qui est âgé de soixante ans, n'aurait pas uniquement en vue des motifs ambitieux en se décidant à accepter la présidence du Conseil à laquelle son âge lui défend de prétendre une seconde fois. Geschow est depuis longtemps connu comme un des hommes les plus érudits du royaume, il a joué un rôle important comme ministre plénipotentiaire à Bucharest après les victoires de Slivnitza, de Zaribrod et de Pirot. Ministre des Finances dans le Cabinet Stoilow, il avait pris des mesures encore valables à l'heure actuelle. Un tel homme ne pouvait songer à se reposer sur ses lauriers; tous ceux qui le connaissaient, et parmi eux le Roi, savaient qu'au fond de son cœur dormait le désir de « faire lui, aussi, quelque chose pour son peuple ». Et ces mots, « son peuple », ont pour Geschow une importance particulière. Déjà sous la domination turque, il travaillait pour le bien de la Bulgarie, s'exposant à la prison et à la potence, dont seule, l'intervention du consul anglais à Philippopoli le sauvait. Geschow voulait que son nom fût lié à l'histoire de la Bulgarie. Ce désir, peu de personnes le connaissaient ; parmi les initiés était le Roi qui, à l'heure de la tempête, appela Geschow et son « parti pacifiste » à la barre.

Il est curieux de constater jusqu'à quel point, dans ce pays où le sens démocratique est aussi développé, le parti national, c'est-à-dire celui que dirige Geschow, obéit à une discipline inflexible, permettant aux plus jeunes membres de se modeler immédiatement sur leurs anciens. Cette soumission ne se retrouve pas dans les autres partis. Le groupe libéral, qui date de la promulgation de la Constitution, comme le groupe conservateur, devenu aujourd'hui le groupe nationaliste, se fragmenta à l'infini, libéral avec le Dr Wassil Radoslawow, puis russophile sous Dragan Zankow.

Il se divisa plus tard en Karavelistes, les démocrates actuels, et en Zankovistes, devenus les progressistes sous l'habile Dr Danew.

Stamboulow, une fois dictateur, quitta le parti libéral dirigé par Radoslawow et fonda le parti national-libéral dirigé à l'heure actuelle d'une part par le Dr Nikola Genadiew, de l'autre par le général Ratscho Petrow, le Dr Gotew, et le Dr Stoikow.

Plus tard, tandis que le parti libéral était dirigé par Radoslawow, une fraction s'en détacha avec Tontschew, jadis ministre des affaires étrangères. Naturellement, c'est le parti Radoslawow qui constitue le plus fort groupement libéral, mais il ne forme cependant pas une entité comme les conservateurs qui, avec Stoikow, devinrent le parti national et, à la mort de ce dernier, passèrent sous l'hégémonie de Geschow.

Seul, le parti national, qui pourtant a eu comme les autres ses crises intérieures, a su résister à toutes les tentatives de schisme. Il doit cet avantage à la valeur de ses chefs.

A l'heure où s'élaborait à Tirnovo la future Constitution, les chefs libéraux étaient en général des hommes déjà connus et jouissant d'une autorité morale remontant aux luttes en faveur de l'exarchat national. On trouvait parmi eux des hommes comme Dragan Zankow, Marko Balabanow et le poète Ratscho Slaveikow, tous partisans de la Russie. Toutefois, lorsque le gouvernement russe eut compris qu'il ne pourrait gouverner la Bulgarie avec un prince russe, il n'exigea plus que la future constitution fût aussi autocratique. La Russie entendait jouer un rôle important en Bulgarie, c'est pourquoi elle fit travailler Zankow, Balabanow et Slaveikow par ses consuls. Le résultat de cette ingérence fut que la Bulgarie se trouve redevable à l'autocratique Russie de la constitution qui lui convenait le mieux.

A cette époque, Radoslawow était encore très jeune, membre du grand Sobranié, il préparait sa thèse devant la Faculté de droit d'Heidelberg. Lui non plus ne réussit pas à cette époque, à se préserver de l'influence russe. Il faut remarquer que les libéraux de cette époque étaient plus ou moins des révolutionnaires ; presque tous fauteurs de l'insurrection bulgare, de 1875, ils avaient ainsi préparé la guerre russo-turque.

Au rang le plus avancé du parti libéral se trouvait le jeune Stamboulow, qui portait le fanion du célèbre héros et poète Christo Botew. Lui aussi travailla à la Constitution, après avoir été, en raison de ses idées avancées, expulsé du séminaire d'Odessa et du territoire russe.

Le parti conservateur était tout autrement composé. Presque tous ses adhérents étaient des bourgeois, de ceux qu'on nomme « Tschorbadja », c'est-à-dire « les gens qui peuvent chaque jour manger une soupe à la viande ». De tels hommes n'ont évidemment rien à gagner dans les périodes troublées. Aussi étaient-ils amis de la domination turque, et attendaient-ils patiemment les réformes.

Les Tschorbadja étaient partisans d'une révolution s'appuyant sur l'Église; c'est à eux que l'on doit la création de l'exarchat et la scission avec le patriarche de Constantinople. Les révolutionnaires, futurs libéraux, eux, avaient pour devise le mot de leur ami politique Ljuben Karavelow. « La liberté n'a que faire d'un exarque, il lui faut un Karadja ! » (Stephan Karadja était un insurgé mort héroïquement pour la patrie.)

Et quels étaient les chefs du parti conservateur? Ce n'étaient que des hommes nouveaux, inconnus de la population. D'abord, le Dr Constantin Stoilow, élevé dans une école américaine à Constantinople, puis étudiant à Heidelberg et à Paris, homme cultivé et doué d'une éloquence remarquable; puis Grigori Natschovitsch, élevé également à Paris et qui, au moment de la guerre russo-turque, avait quitté Vienne, où il résidait depuis longtemps, pour venir servir son pays.

Aux côtés de ces deux hommes, on trouvait encore Dimitri Grekow, revenu, lui aussi, depuis peu de Roumanie, où, après des études faites à Paris, il s'était établi avocat. Les chefs des conservateurs étaient des hommes nouveaux, des « Westleri », comme les appelaient les Russes. A dire vrai, le seul lien qui unis-

sait Stoilow, Natschowitsch et Grekow se résumait
dans la commune culture européenne, car ils différaient
sensiblement dans leurs allures et leurs caractères.

Peut-être se sentaient-ils étrangers dans leur propre
patrie dont ils s'étaient depuis si longtemps éloignés.
Mais chacun d'eux avait rapporté de son séjour en
Europe un solide bagage de connaissances et d'expérience. Stoilow était le plus jeune, il avait à peine
vingt-cinq ans. Mais toute sa personne, son éloquence,
sa sobre élégance, le désignaient pour le premier rang.
Natschowitsch était l'aîné ; sans être un orateur, c'est
un causeur distingué, extraordinairement intelligent,
d'une incroyable puissance de travail, et tellement habile, que ses adversaires le nomment Belsebuth.
Grekow était un solide et grand Bulgare, à l'éloquence
un peu fruste, mais bien doué et juriste consommé,
calme et travailleur.

Ces « déracinés » eurent vite conscience du péril
russe, et, bien qu'ils fussent, en leur qualité de ju-
ristes, beaucoup mieux fixés sur les questions de droit
national et d'économie politique que les chefs du parti
libéral, où seul le jeune Radoslawow avait fait son
droit, ils n'étaient guère partisans d'une constitution
anglaise sans bourgeois anglais, mais avec des élec-
teurs russophiles.

Les chefs du parti conservateur auraient préféré une
charte plus définie. C'est ainsi que se formèrent les
deux partis « Conservateur » et « Libéral ». Les polé-
miques dans les journaux et les discussions au Sobranié firent naître les surnoms de « Parti pacifiste »
pour les nationalistes, de « Progressistes » ceux-ci formant la coalition actuelle sous Geschow qui eut à
décider la guerre, et de « Nationalistes » embrassant

le parti libéral sous Radoslawow et toutes ses ramifica-
tions, les jeunes libéraux avec Tontschew, les Stamboulovistes avec Genadiew, les démocrates avec Malinow,
bref tous les partis qui voulaient la guerre, mais qui,
pour des raisons diverses, ne réussirent pas à la dé-
clancher.

Il y a naturellement aussi en Bulgarie des socialistes,
représentés au Sobranié par un homme très intelligent
et modéré, Janko Sakazow. Dans un pays aussi positif
que la Bulgarie, les socialistes ne sont au fond que des
opportunistes, et le jour est proche où M. Janko Sa-
kasow prendra place dans le bourgeois fauteuil d'un
ministre.

Le peuple bulgare, étonnamment travailleur et éco-
nome, a eu, et possède encore, des chefs politiques de
tout premier ordre.

Il suffit d'évoquer le souvenir de Stepan Stamboulow,
qui réussit, au prix de luttes pénibles, à se maintenir
huit ans durant dans les fonctions de dictateur tout en
tenant tête à l'influence russe. Nombreux ont été les
complots tramés en Russie contre Stamboulow ou le
prince encore peu populaire, et que le dictateur
réussit chaque fois à déjouer.

Stamboulow était un rude et remarquable révolutionnaire, échappé des luttes contre la Turquie. Son
tempérament fataliste et romantique se faisait facilement jour dans les manifestations les plus osées de ses
vues sur la politique intérieure.

Lorsqu'il quitta les montagnes qui avaient entouré
son berceau, il eut à chasser de son foyer un fils
indigne, puis il se rendit à Rustchuk, où ses fonctions
d'avocat lui procurèrent bientôt un grand renom de
criminaliste. Il entra alors dans la politique, prenant

Machiavel comme maître et Bismarck comme modèle. Sa voix claire et métallique subjugua le parti libéral, dont une fraction devint sous ses ordres le groupe national libéral. Stamboulow ne tarda pas à se montrer journaliste remarquable. Aidé par ses anciens compagnons de la révolution, l'auteur Zacharie Stojanow et Dimitri Petkow, qui devait lui succéder et qui avait perdu un bras à Schipka, il fonda le journal « Svoboda » qui eut une grosse influence.

Mais Stamboulow savait ce qui lui manquait; malgré qu'il dormît peu et travaillât beaucoup, son manque d'instruction lui rendait nécessaire le concours des *Déracinés*, qu'il chercha à gagner. Il se rapprocha de Natschowitsch, puis de Grekow et finalement de Stoilow qui, par la suite du départ du prince Alexandre qu'il avait servi jusqu'au dernier moment, avait perdu son emploi de chef de la Chancellerie privée.

Devenu régent, reconnaissant l'impérieuse nécessité de trouver à bref délai un prince convenable susceptible de mettre un terme aux agitations fomentées par la Russie, Stamboulow fit des ouvertures directes à Stoilow et à Grekow, puis à Natschowitsch, fortement occupé dans ses fonctions de ministre à Bukarest, à contrebattre les menées russes.

Lorsque le prince Ferdinand eut pris possession de ses fonctions, Stamboulow demeura, huit années durant, président du Conseil des Ministres. Il assuma la tâche surhumaine de rétablir l'ordre à l'intérieur et de maintenir sur le trône un prince dont Pétersbourg ne voulait pas. Plus que jamais, Stamboulow avait besoin de s'appuyer sur les chefs du parti conservateur. Stoilow, Natschowitsch et Grekow reçurent des portefeuilles et devinrent ses collaborateurs les plus directs.

Mais le premier ministre avait un autre aide encore, le baron Burien, ministre d'Autriche-Hongrie à Sophia. Les cabinets de Londres, de Berlin, Paris, Rome et Vienne, sur lesquels le Prince pouvait compter, travaillaient également pour lui. Les mémoires de Crispi montrent que les conseils émanant de ces diverses capitales ne manquaient pas et qu'ils étaient facilement acceptés, sinon sollicités.

Les fréquents attentats auxquels Stamboulow était exposé, et les mesures continuelles de police qu'il devait prendre, modifièrent sa doctrine, de philosophe, il tourna au bourreau ; dans ces conditions il devenait impossible à son ami Stoilow et plus tard à Natschowitsch de continuer à l'approuver. Grekow conserva son portefeuille, car il vivait largement et avait besoin de ses appointements.

Mais les puissances commencèrent, elles aussi, à juger sévèrement les procédés dénués de scrupules du premier ministre. Celui-ci manqua l'occasion qu'il avait de se retirer au moment du mariage du Prince avec la fille du grand-duc de Parme, et de se refaire une virginité par quelques années d'exil volontaire. La jeune princesse Marie-Louise voyait en lui un homme terrible, il devenait impossible de réprimer les manifestations hostiles des étudiants et des habitants. Ferdinand, malgré son affection pour le dictateur, se résigna, le 1ᵉʳ juin 1894, à accepter une démission qui n'était pas tout à fait spontanée.

Des fenêtres de son palais, le Prince put voir l'ancien Premier regagner son domicile sous les huées et les menaces de la foule.

C'est ainsi que tomba du pouvoir un grand homme d'État, qui aurait dû disparaître pendant quelques années, de manière à faire oublier sa dictature et à éviter l'assassinat que ses amis lui prophétisaient.

Cet exposé rapide de la période au cours de laquelle Stamboulow fut le maître, serait suffisant s'il n'était nécessaire, pour bien saisir la suite des événements, de revenir souvent sur cette époque troublée. On aurait tort de croire que la violence des procédés mis en œuvre par Stamboulow contre ses adversaires fût la conséquence de son tempérament et de son origine orientale.

Sa fin ne permet pas de le comparer à son modèle, à Bismarck. On pense bien plus à Richelieu, à Mazarin, à César Borgia même, quand on étudie les détails de sa politique.

Stamboulow commença sa brillante carrière à l'âge de trente ans; à quarante-cinq ans, un an après sa chute, il était assassiné dans une rue de Sophia par des conjurés venus de Russie. Cette fin tragique doit lui mériter la pitié et permettre de mesurer avec plus de sang-froid la grandeur de la tâche accomplie.

L'annexion de la Roumélie orientale en 1885 fut préparée par de jeunes politiciens, parmi lesquels Dimitri Rizoff qui occupait brillamment le poste de ministre à Rome.

Lorsque le prince Alexandre se porta de Tirnovo sur Philippopoli pour y proclamer l'annexion, il hésita à poursuivre sa route devant le poids de la responsabilité qui allait lui incomber. Il était accompagné du président du Conseil, Petko Karavelow, et du président du Sobranié, Stepan Stamboulow. Karavelow partageait les hésitations du prince.

Ce fut au sommet même du Balkan que se tint un dernier conseil en vue de la décision à prendre. Stamboulow craignait que l'opération ne fût remise, et que la Russie, à laquelle elle ne convenait pas, n'y mît ultérieurement obstacle.

Prenant alors la parole, il s'écria dans son style énergique et pathétique : « Prince, signe-toi et marche sur Philippopoli, car tu n'as que deux voies devant toi, l'une conduit, par delà le Danube, à Darmstadt d'où tu viens, l'autre te mènera à Philippopoli. »

En raison de la rusticité de ses manières, Stamboulow n'était pas très bien vu à la Cour ; aussi, malgré qu'il subît volontiers le dictateur, le prince ne pouvait supposer qu'à la suite de son abdication forcée, ce serait Stamboulow qui irait à sa recherche pour lui rendre le trône perdu.

Stamboulow se montra dans cette circonstance le meilleur serviteur du prince, qui serait resté en Bulgarie sans le télégramme comminatoire du tsar Alexandre III.

Malgré l'accueil sympathique de la population de Sophia, Alexandre ne crut pas pouvoir conserver la couronne. Accompagné par les larmes de la population, il s'embarqua sur un vapeur du Danube. Stamboulow l'accompagna jusqu'à Turn Severin, là il prit congé dn vainqueur de Slivnitza et revint exercer sa difficile dictature sur la nation bulgare.

Il n'allait pas tarder à inaugurer le régime du sang, grâce auquel il pourrait punir avec la dernière énergie les politiciens ou les officiers félons qui, poussés par la Russie, cherchaient à préparer une révolution.

Un exemple était nécessaire, il frapperait ceux des conjurés qui n'avaient pu se réfugier en Russie.

Ces mesures sanglantes furent pénibles pour Stamboulow, car la jalousie du capitaine Paprekow, qui devait devenir président du Conseil et qui, à l'époque, était dévoué à la Russie, obligea le dictateur à immoler son meilleur ami, Olympi Panow, un héros de Slivnitza.

Au prix de trente cadavres, Stamboulow mit la main sur l'armée, et, aidé de Radoslawow, qu'il nomma président du Conseil, il libéra la Bulgarie du joug russe, comme la Russie avait jadis libéré la Bulgarie de la domination ottomane. Bien que cette tâche fût difficile, la présence d'un nouveau prince la rendait possible.

Dès l'avènement de Ferdinand, de nouvelles menées russes étaient organisées ; un complot contre le Prince était découvert ; un autre héros de la guerre serbo-bulgare, le major Panitza, était arrêté et fusillé. Panitza avait beaucoup d'amis, principalement en Macédoine, et sa popularité était immense. Un de ses amis était le ministre actuel à Rome, Dimitri Rizow. Adversaire personnel de Stamboulow, il lui fit parvenir, de son poste lointain, avant l'exécution du jugement, une lettre d'avertissement.

A la suite de la mort de Panitza, la persécution n'épargna pas ses amis ; c'est ainsi que Rizow fut définitivement exilé, puis condamné à mort par contumace, ayant promis au dictateur que sa tête tomberait aussi.

Stamboulow avait le tort d'accorder trop de créance à ses agents ; aussi obligea-t-il ainsi beaucoup de personnalités marquantes à quitter la Bulgarie, ce qui leur permit de préparer leur revanche. Rizow se rendit en Belgique et en France ; le vieux Dragan Zankow et son gendre, le ministre de l'intérieur actuel, Alexandre Ljudskanow, à Pétersbourg. Leur exemple fut suivi par de nombreuses notabilités, qui, de l'étranger, complotèrent contre Stamboulow et le régime tout entier.

Mais tous ceux qui demeurèrent en Bulgarie purent rendre hommage à l'inlassable activité que Stamboulow apportait dans toutes les branches du gouvernement.

Sous son impulsion, le ministre de la Guerre Savow, le généralissime actuel, réorganisait l'armée et la dotait d'un nouvel armement. On envoyait des officiers suivre les cours des Écoles de guerre des grandes puissances, d'autres prenaient part aux manœuvres en Autriche, en Allemagne, en Italie et un peu plus tard en France. De nouvelles casernes et une École militaire s'édifiaient à Sophia.

Les finances, les chemins de fer, l'économie politique attiraient également l'attention du Régent.

Stamboulow est le premier homme d'État bulgare qui sut deviner les rapports futurs de sa patrie avec la Turquie : il prépara donc la nation à la mission qui allait, dans un avenir plus ou moins prochain, lui incomber.

Le soin que le dictateur mit à organiser l'armée, et le choix qui lui fit désigner comme ministre le major Savow, montrent qu'il croyait que le conflit qu'il prévoyait ne se réglerait pas pacifiquement.

Savow lui avait plu par les qualités savantes de son esprit, son indomptable énergie et son rare patriotisme.

Un dictateur de l'envergure de Stamboulow, même hanté par la perspective de la guerre future, ne pouvait régner pendant huit ans sans accomplir de grandes œuvres de paix.

Entrant dans les vues de Natschowitsch, il tenta de conclure une sorte d'alliance avec la Turquie, grâce à laquelle l'influence bulgare et les idées impériales visant la grande Bulgarie se seraient répandues en Macédoine et à Andrinople. C'est pour cette raison qu'il se rendit à Constantinople, où le sultan le reçut à Ildiz avec de grands honneurs. La résistance de la Russie fit échouer ce projet, et le turcophile Stamboulow ne tardait pas à envoyer de temps en temps un ultimatum à la Porte. Le Sultan accédait toujours à ses demandes, car, disait-il, Stamboulow est « fou et capable de tout. »

Grâce à Stamboulow, le nationalisme bulgare tout entier convergea contre la Turquie. Il y eut une fois avec la Serbie quelques difficultés ayant pour cause la question macédonienne. Pour réveiller sans doute le souvenir de Slivnitza, Stamboulow fit paraître les lignes suivantes dans un journal à sa solde : « Si les Serbes continuent ainsi, les corbeaux se rassembleront bientôt sur le toit de la légation serbe à Sophia, comme ils le font sur celui de l'ambassade russe abandonnée. » (Il n'y avait plus à ce moment de représentation diplomatique russe à Sophia.)

Mais, d'une manière générale, les relations de la Bulgarie avec les puissances voisines étaient excellentes, surtout en ce qui concerne la Roumanie et la Turquie.

Bien que les événements ne se répètent pas toujours exactement, ils se ressemblent parfois fort ; aussi est-il possible que la Bulgarie en revienne bientôt à une politique plus amicale avec la Roumanie et la Turquie, et que cette politique ait été inaugurée à Tschataldja.

Le prince Ferdinand voulait continuer la consolidation intérieure inaugurée par Stamboulow en s'appuyant sur ses partisans et sur les conservateurs, mais en se séparant du dictateur dont la démission avait été acceptée. Dimitri Grekow, qui était resté au pouvoir jusqu'à la chute de son chef, fut chargé par le Prince de constituer le cabinet.

Bien qu'il se sentît à ce moment *personna gratissima* à la cour, Grekow était attaché par trop de liens à Stamboulow, pour pouvoir assister de sang froid à son effondrement. Il aurait peut-être été préférable, pour Stamboulow, que Grekow demeurât au pouvoir, car il aurait certainement réussi à préserver son ami de l'assassinat dont il était menacé.

Les reproches que l'on a adressés à Ferdinand d'avoir sacrifié son ancien premier ministre, ne sont pas fondés, car il voulait garder au pouvoir le meilleur ami du ministre démissionnaire qui, de son côté, crut devoir le refuser.

Il ne restait au prince qu'à faire appel à Stoilow, que l'ensemble de l'opposition lui désigna.

Stoilow constitua alors le grand ministère de 1894, avec Tontschew et Radoslawow. Natschowitsch devint ministre des affaires étrangères, Geschow ; qui, à la suite de la paix avec la Serbie, s'était retiré à Bucharest, fut nommé ministre des Finances, emploi qui, du temps de Stamboulow, avait été parfaitement occupé par Natschowitsch puis par le ministre actuel à Vienne, Iwan Salabaschew.

Les élections qui s'ouvrirent quelques mois après furent la cause de dissentiments dans la coalition formée par les conservateurs sous Stoilow et les libéraux sous Radoslawow.

Les conservateurs, qui n'étaient pas encore inféodés à la Russie, durent entamer une politique russophile, car la population exigeait la conversion du Prince héritier Boris à la religion orthodoxe. Stamboulow avait fortement mécontenté l'opinion publique en modifiant l'article de la Constitution en vertu duquel l'héritier du trône devait être catholique grec. Si cet article avait été maintenu, Ferdinand n'aurait pu épouser la princesse Marie-Louise et sa position se serait trouvée affaiblie par suite de l'interruption dans la dynastie.

Stoilow et Natschowitsch tombèrent d'accord pour entreprendre une politique russophile, qui amena la réconciliation avec la Russie et l'acceptation par le Tsar des fonctions de parrain du prince héritier. Peu après, on rappela les officiers exilés, qui rentrèrent ayant à leur tête le héros de Kirk-Kilissé, Lule-Burgas et Tschorlu réintégré dans les rangs avec le grade de colonel.

Benderew et Gruew, qui avaient pris une trop grande part au renvoi du prince Alexandre, demeurèrent en Russie. Stoilow ne voulait à aucun prix accepter leur retour, bien que Benderew se fût montré tacticien remarquable à Slivnitza.

Le vieux Dragan Zankow revint également à Sophia, et on mit en liberté le chef du parti démocrate, l'ancien chef de cabinet Karavelow, enfermé par Stamboulow dans la « Tschernaia Djamia » (la Mosquée Noire) en raison de son animosité contre le Prince.

Dimitri Rizow, le politicien démocrate sans cesse en mouvement, fut amnistié; il revint de Bruxelles et se consacra à la question macédonienne.

Bien qu'adversaire déclaré de Stoilow, comme il l'avait été de Stamboulow, il fut nommé consul général en Macédoine et il est vraisemblable que c'est à ses agissements que l'on doit la révolution macédonienne de 1903.

Rizow est originaire de Monastir, et en cette qualité

sa nomination ne fut pas acceptée avec faveur par les Turcs.

Stoilow s'excusa en disant qu'il se débarrassait ainsi d'un adversaire dangereux.

Le prince Ferdinand aimait Rizow malgré sa politique intransigeante. Il faut peut-être rechercher les causes de cette affection dans le fait que, lorsque Rizow combattait violemment Stamboulow, il avait fait échouer un complot dirigé contre le Prince.

C'est sous le ministère Stoilow que commence le mouvement macédonien et que l'on voit apparaître, pour la première fois, l'idée d'une alliance balkanique.

Stoilow a fait beaucoup pour le développement de la Bulgarie, de nombreuses voies ferrées ont été construites par Michael Madjerow, alors ministre des chemins de fer, et actuellement ministre à Londres. L'appui et le concours d'Ivan Éostratiew Geschow et de Teodor Teodorow ont permis d'augmenter le bien-être économique tout en assurant les disponibilités financières qui allaient rendre possible la guerre actuelle.

Quoi qu'il en soit, cette politique nationaliste pleine de graves conséquences ne pouvait indéfiniment se poursuivre dans l'ombre. Une révolte éclata en Macédoine en 1895. Étroitement attaché à ses principes conservateurs, le fanatique Natschowitsch voulait donner sa démission. Mais, par l'ironie des choses, il dut conserver son poste, sous réserve que ses collègues ne permettraient pas au mouvement insurrectionnel de se propager.

Il n'y eut pas de révolte ouverte, mais l'agitation persista.

Stoilow autorisa la formation de comités macédoniens. Le lieutenant Sarafow, macédonien d'origine, quitta l'armée et se voua à l'œuvre d'émancipation de la Macédoine. Son exemple fut suivi par de nombreux officiers, — le tiers des officiers bulgares provient de Macédoine.

Le premier président du comité central macédonien à Sophia fut le général Mikulaew, passé au cadre de réserve et qui, sous le ministère Malinow, devait, après avoir quitté cet emploi, devenir ministre de la Guerre.

Stoilow créa plusieurs postes de consul en Macédoine et fit nommer plusieurs évêques bulgares en Turquie. L'acceptation de ces nominations constituait la rançon de la neutralité de la Bulgarie au moment de la guerre de 1897 contre la Grèce.

A la conclusion de la paix, Stoilow voulait entretenir de bonnes relations avec la Grèce battue, il créa en conséquence un poste diplomatique à Athènes. Passant outre aux critiques des démocrates qui trouvaient que les diplomates ne servaient qu'à obérer le budget, il installa une ambassade à Cettigne.

Un rapprochement s'établit avec la Serbie, qui fut scellé par la rencontre des deux ministres à Nisch. Peu après, le roi de Serbie visita Sophia.

Cette entente, qui avait été préparée par l'envoyé bulgare à Belgrade, Mihalaki Georgiew et le radical modéré Gjoko Simic qui, de représentant de la Serbie à Vienne, était devenu premier ministre, ne dura pas, en raison des prétentions exagérées de la Serbie, et de la visite que le prince Ferdinand, accompagné de son représentant à Belgrade, alla faire au prince de Monténégro.

La politique serbe, principalement en raison de questions dynastiques, se montre irréconciliable avec son petit voisin.

C'est ainsi qu'échoua la tentative faite par Stoilow en vue d'une entente avec la Serbie.

A Stoilow succéda la coalition Grekow-Radoslavow, 1899.

Sur ces entrefaites, l'ancien roi Milan était revenu à Belgrade. Commandant en chef des troupes, il prononça à Nisch, après l'entrevue des ministres bulgare et serbe dans cette ville, un discours par lequel il promettait aux officiers une revanche de la défaite de Slivnitza.

Les relations s'envenimèrent entre Sophia et Belgrade, et les journaux bulgares citèrent les mots prononcés un jour par Karavelow : « La route bulgare qui conduit à Salonique et en Macédoine passe par Nisch ».

Sous le Cabinet suivant, Ivantschow-Radoslawow, les relations entre les deux pays demeurèrent tendues.

D'autre part, le soulèvement macédonien ne faisait qu'empirer. Radoslawow favorisait de toutes ses forces les insurgés qui avaient réuni d'importants capitaux.

Boris Sarafow était à la tête du comité de Sophia et montrait une activité fébrile. Il avait groupé de nombreuses sympathies, même à l'étranger ; on vit ainsi une Américaine, Miss Stone, se faire enlever par les bandes macédoniennes, afin que sa rançon vint grossir le trésor des insurgés.

Grâce à cette abondance de capitaux, l'organisation révolutionnaire était en état d'armer, non seulement toute la population macédonienne, mais encore de distribuer des fusils à la jeunesse bulgare qui pouvait ensuite franchir la frontière et combattre pour la liberté macédonienne.

Les insurgés disposaient également de journaux paraissant à Sophia ou en province. C'est à cette époque que débuta le *Wetschera Posta,* le plus grand journal bulgare, dont l'éditeur et presque toute la rédaction sont d'origine macédonienne.

La question macédonienne était devenue rapidement populaire, et il paraissait à peu près impossible d'éviter le choc avec la Turquie.

Le Dr Danew, qui, à la chute du Cabinet Karavelow, avait formé un ministère nettement progressiste, avait tenté d'affaiblir l'organisation macédonienne dont il n'était pas partisan. Il ne réussit qu'à s'aliéner les sympathies de l'opinion.

Danew désirait surtout réaliser l'alliance balkanique. A cet effet, il envoya Dimitri Rizow en mission à Cettigne, puis à Belgrade, pour amener une entente et surtout une union douanière avec la Serbie.

Mais en 1903, Danew, voyant que la révolution macédonienne ne pouvait plus être évitée, se résolut à démissionner.

Il eut comme successeur l'énergique et fringant général Ratscho Petrow, qui plaça au ministère de la Guerre, le général Savow, à celui de l'Intérieur Petkow, chef de ce qui restait des stamboulovistes, et au Commerce le Macédonien Dr Nikola Genadiew.

Petrow était un partisan convaincu des intérêts macédoniens, qu'il favorisa par tous les moyens, d'autant plus que l'attitude de la Porte vis-à-vis des intérêts bulgares en Turquie n'était guère conciliante.

Sous le gouvernement de Petrow, les affaires macédoniennes se mêlèrent si bien aux questions purement bulgares, que la guerre seule parut susceptible de les débrouiller.

La révolution de 1903 passionna à un tel point la

jeunesse bulgare qu'un grand nombre de jeunes gens allèrent s'enrôler dans les bandes qui opéraient sur les bords du Vardar ou de la Struma et avec lesquelles beaucoup d'entre eux se firent massacrer.

L'année 1904 vit éclater une seconde révolution, aussi sanglante que la première. Petrow considéra la guerre comme inévitable dans un délai de trois ans, et fit d'énormes commandes de matériel à l'étranger, à des prix très élevés.

Entre temps, les chefs des deux partis macédoniens, qui avaient échappé aux rencontres dans la montagne et aux attentats auxquels ils se livraient mutuellement, ne demeuraient pas inactifs.

Ceux qui habitaient la région troublée, commandés par Sandansky, voulaient attendre, avant de lever l'étendard de la révolte, que la préparation fût complète. Par contre, ceux qui ne voulaient pas être incorporés dans les régiments turcs prenaient le mot d'ordre auprès de Sarafow et ne voulaient pas attendre davantage.

La question macédonienne sera traitée plus complètement ailleurs. Il était cependant nécessaire d'en dire un mot ici, car on comprend ainsi les raisons qui ont guidé la conduite des divers cabinets qui succédèrent à Petrow et à Danew.

Comment aurait-on, en effet, pu expliquer les raisons qui poussaient Petrow à envoyer en mission spéciale à Constantinople Natschowitsch, le plus pacifique et le plus turcophile des hommes d'État bulgares, à l'heure même où les bandes bulgares franchissaient la frontière pour gagner la Macédoine ?

On ne pouvait plus songer à enrayer la révolution ; d'autre part, Petrow et Savow avaient besoin d'un délai pour préparer à coup sûr la guerre contre la Turquie. Si elle n'éclata pas en 1906, il faut en chercher la raison dans la nécessité où se trouvait la Bulgarie d'ajouter créance aux promesses des grandes puissances formant la Triple Entente, qui assuraient que la Macédoine deviendrait autonome.

Dès cette époque, l'armée était prête.

Petrow dut démissionner à la suite de différends avec la Russie et son représentant à Sophia. Il fut remplacé par Petkow.

Les stamboulovistes, auxquels appartenait Petkow, avaient toujours été accusés de gouverner avec une certaine brutalité et de tenir un trop grand compte, dans les crises nationales, de leurs intérêts particuliers. Ils crurent pouvoir continuer à employer la manière forte et réussir ainsi à comprimer l'opinion publique qui leur était contraire.

Une importante grève des employés de chemins de fer éclata, en même temps que l'Université manifestait sur les places publiques de Sophia. Petkow ferma les cours et licencia les professeurs. En peu de temps il devint tout à fait impopulaire. On oublia ses grandes qualités, les services rendus sous Stamboulow et, comme maire de Sophia, sa conduite héroïque au col de Schipka où il avait perdu un bras. Un anarchiste l'assassina dans la rue.

Le cabinet stambouloviste dans lequel il avait été remplacé par le Dr Gudew, président du Sobranié, ne lui survécut que quelques mois, Malinow avec le parti démocratique lui succéda.

Les démocrates allaient avoir à remplir une mission différant complètement de leur programme, la déclaration d'indépendance, l'érection de la royauté allaient devenir leur œuvre. L'armée était prête à la lutte, tandis que la Turquie était en pleine désorganisation. Cependant, les démocrates, partisans pour la plupart de la guerre, n'eurent pas à la déclarer. Malinow avait pourtant répondu à une demande d'indemnité exagérée formulée par la Turquie : « Nous ne paierons, s'il faut, qu'avec du sang ».

Isvolsky, qui se sentait atteint par la déclaration d'indépendance qui avait succédé à l'annexion de la Bosnie, fit tous ses effort sur le ministre des Affaires étrangères de Sophia, le général Paprekow, pour l'amener à résister, non seulement à l'opinion publique, mais encore à la majorité du Cabinet.

Paprikow démissionna et fut immédiatement après nommé ambassadeur à Pétersbourg.

Le gouvernement démocrate se livra ensuite à quelques manifestations contre la Turquie, on mobilisa la division de la Tundja, ce qui détermina la Turquie à quelques concessions éphémères.

Entre temps, les Turcs désarmaient, à leur manière habituelle, les Macédoniens et les Albanais. Un grand nombre d'écoles bulgares, déjà ouvertes en Macédoine du temps d'Abdul Hamid, furent fermées par les Jeunes-Turcs.

Il n'était plus possible de vivre avec la Turquie dans des conditions normales.

CHAPITRE V

LA NATION BULGARE ET SES MŒURS

Il n'y a guère que cent cinquante ans que la nation bulgare, échappée au joug ottoman et à l'extermination pratiquée par les Fanariotes, a pu se ressaisir et reprendre conscience d'elle-même.

Jadis, les Grecs parlaient des Bulgares comme les Serbes parlent aujourd'hui des Albanais.

Les Grecs, qui avaient appelé les Turcs en Europe pour vaincre des Bulgares, jouissaient, sous la domination ottomane, de nombreux privilèges dus en grande partie à l'existence du Patriarchat. Mais pour les Bulgares, aucune liberté : en fait d'écoles, ils ne disposaient que de l'enseignement clandestin que transmettaient les moines réfugiés dans leurs couvents. Aucun moyen de communication n'existait entre les lieux habités, et le commerce était nul.

Opprimés à la fois par les Turcs et les Grecs, les Bulgares vivaient et mouraient sans se douter qu'une autre existence pourrait être la leur.

Les remous causés par la Révolution Française s'étendirent jusqu'aux pentes du Mont Athos. Un anachorète intelligent, Aez Paissii (le père Paissii), établi « dans ces grandes forêts, véritable siège du calme et de la prière », comme le dit le poète national Pont Ivan Wazow, écrivit une histoire de la Bulgarie.

Elle débute par ces mots : « O toi, serf imbécile, pourquoi as-tu honte de te dire Bulgare? N'as-tu pas jadis possédé des rois qui surent mener leurs troupes victorieuses jusque sous les murs de Constantinople? As-tu oublié qui était le Tsar Kroum, qui but le vin écumant dans le crâne cerclé d'or de Nikophoros réduit à merci? Ne sais-tu plus qui étaient Siméon le Grand, devant lequel le fier Romain courba le genou en lui présentant les clefs de Constantinople, Samuel le Fort, qui conquit l'Hellade et occupa Durazzo? N'étaient-ce pas là des tsars bulgares, auxquels les Grecs payaient tribut? O serf infortuné, reprends possession de toi-même, sois fier d'être Bulgare, apprends à connaître ta patrie et ta langue sonore!... »

Il n'existe pas d'ouvrage qui ait, dans un temps aussi court, mieux rendu à un peuple la conscience de soi-même. Ce livre servit de base à d'autres histoires de la Bulgarie qui se rédigeaient dans les catacombes, à la clarté fumeuse des antiques lampes à huile.

Les jeunes Bulgares, qui ne voulaient plus être asservis, gagnaient la montagne et combattaient les Turcs par tous les moyens. Ces partisans portaient le nom de « Haïdouks », leurs exploits sont rappelés dans de nombreuses complaintes populaires.

Au printemps, après la fonte des neiges, et généralement le jour de la fête de saint Georges, on pouvait voir les sommets des montagnes se couronner de panaches de fumée. C'étaient les Haïdouks qui sacrifiaient des agneaux consacrés par un pope et couronnés de branchages. Les victimes étaient mises à la broche tandis que le pope bénissait le vin qui accompagnait ce repas symbolique.

Dans cette première période de l'histoire de la rénovation bulgare, le clergé et les insurgés marchent constamment la main dans la main. C'est dans cette coutume des Haïdouks, continuée par les révolutionnaires, qu'il faut chercher l'origine de la légende qui dit que la guerre ne peut éclater dans les Balkans qu'après la fonte des neiges.

La popularité de ces insurgés grandit rapidement; ils étaient l'objet de l'admiration des femmes, aussi comprend-on que maintenant encore les mères bercent leurs enfants en chantant : « Dors mon fils, quand tu sera grand, tu seras un tsar des montagnes ».

C'est ainsi que commencèrent en Bulgarie les luttes nationales qui se convertirent plus tard en révolution contre la domination ottomane. Il y avait deux organisations à la tête du mouvement, une intérieure et une autre fonctionnant au dehors.

A la tête de l'organisation intérieure se trouvait le diacre Wassili Levski, qui abandonna la vie monacale et fut à la fin pendu par les Turcs à Sophia. Un monument élevé par Stamboulow à la place même du supplice consacre la mémoire de cette victime de l'indépendance.

Avec Levski, marchaient Hadji Dimitri et Stepan Karadjata.

Les principales œuvres du poète national Wazow sont dédiées aux héros de cette époque.

L'organisation extérieure siégeait à Braïla, où de nos jours encore la colonie bulgare est nombreuse. Cette organisation était aux ordres de Christo Botew, homme distingué et poète de valeur. Mieux que tout autre, il chanta l'existence des Haïdouks. Christo Botew passa audacieusement le Danube avec 200 partisans, et organisa l'insurrection à Vratza. Il périt aux environs de cette localité à la suite d'un combat contre les Turcs.

Lui aussi vit son souvenir immortalisé par un monument élevé par les ordres de Stamboulow, qui avait, comme jeune homme, été son porte-fanion.

Il faut encore citer, aux côtés de Christo Botew, l'écrivain Sava Ravovsky, qui étudiait le droit à Paris, et l'homme de lettres Ljuben Karavelow, frère aîné du futur président du Conseil Petkow Karavelow.

Tous ces révolutionnaires ne partageaient pas la manière de voir temporisatrice et peut-être plus féconde des « Tscharbadja » (conservateurs) qui voulaient émanciper l'Église bulgare de l'autorité du Patriarchat.

Agissant violemment, ils réussirent à faire nommer à Constantinople un exarque bulgare qui rallia autour de lui l'unanimité des sentiments nationaux.

Les agissements des révolutionnaires suscitèrent une série de révoltes qui furent réprimées par d'abominables massacres de vieillards, de femmes et d'enfants. C'est ainsi qu'à Peruschitza et à Batak, 14.000 personnes furent massacrées en une seule nuit. Ce chiffre fut officiellement constaté au cours de l'enquête internationale de 1874.

Les aspirations bulgares se précisèrent au moment de la signature du traité de San Stefano.

Mais le nationalisme bulgare n'arriva à son apogée qu'après les victoires de Slivnitza, de Zaribrod et de Pirot, après la marche triomphale du prince Alexandre sur Nisch, dont l'entrée lui fut refusée par le ministre austro-hongrois.

Lorsque, venant de l'ouest, il pénètre en Bulgarie, le voyageur, épris de curiosité locale, n'acquiert pas immédiatement une impression d'exotisme. Il faut, pour se sentir dépaysé, franchir les monts Rhodopes et s'arrêter, par exemple, à Kirdjalli. Là, l'influence européenne cesse de se faire sentir.

Mais laissons les Turcs! C'est des Bulgares qu'il convient de parler.

La première impression qu'ils donnent est celle de Méridionaux, calmes et au verbe élevé. Leur visage exprime une force harmonieuse. Grâce aux chauds rayons du soleil alternant avec les rigueurs d'un hiver généralement sec, le peuple a conservé la trempe originelle.

L'examen du type bulgare montre immédiatement combien la race, produit de croisements divers, diffère des autres Slaves. Il constitue un composé de races autochtones, hongroise, romane et slave.

La langue est beaucoup plus énergique que le serbe et plus sonore que les molles syllabes russes. Quand on écoute au Sobranié des orateurs comme Genadiew, le chef des stamboulowistes, on a l'impression de se trouver à la Chambre des Députés de Paris. Malgré quelques consonances grecques, on ne peut se croire en Orient.

La Bulgarie ne saurait être comparée qu'à elle-même. L'origine des Bulgares est expliquée de diverses façons.

Le professeur Strauss, de l'Académie orientaliste de Budapest, et qui connaît bien le pays, appelle les Bulgares les « cousins germains » des Hongrois. La similitude des radicaux « Bulgar » et « Ungar » milite en faveur de cette théorie. Beaucoup de mots, en outre, se retrouvent dans les deux langues.

Mais une autre école, qui a de nombreux partisans en Bulgarie et à l'étranger, fait venir les premiers Bulgares de Finlande. Ils se seraient répandus petit à petit le long du Volga, et une de leurs tribus, commandée par Asparuch, serait venue des steppes de la Russie méridionale vers la Moesie, entre le Danube et les Balkans. Cette région était peuplée de Slovènes, qui étaient descendus du Nord vers les provinces de l'empire romain, ravagées par les Huns. C'est en 680, au temps de Constantin Pogonatos, que le royaume bulgare fut fondé par Asparuch. Mais les vainqueurs ne tardèrent pas à prendre la langue, les coutumes et les mœurs des populations vaincues, auxquelles ils se contentèrent de donner leur nom. Les Bulgares s'étendirent plus tard en Thrace et arrivèrent, avec leur tsar Kroum, devant Constantinople. Le tsar Kroum « se lava les pieds dans le Bosphore », disent certains historiens bulgares.

En 870, le Tsar bulgare embrassa la religion grecque ; il prit le nom de Michel et reconnut l'autorité du Patriarche de Constantinople. Mais sous son fils, Siméon, 888-927, qui avait dans sa marche victorieuse atteint Constantinople, et qui portait le titre d'« Imperator Bulgarorum et Graecorum », les Bulgares nommèrent un patriarche particulier.

Le règne de Siméon porte, dans l'histoire bulgare, le nom d'« Age d'Or ».

Siméon, qui avait étudié à Constantinople, était d'une instruction étendue ; « quand il n'avait personne à vaincre, dit de lui Joan Wasow, pour se délasser il écrivait des livres ».

C'est à cette époque que vivaient les deux frères bulgares, originaires de Salonique, Kyrill et Methodii

(Cyrille et Méthode), qui inventèrent l'alphabet usité encore aujourd'hui par la plupart des peuples slaves. La langue bulgare pouvait désormais se développer, elle eut une grammaire comme les langues latine et grecque.

Elle dut beaucoup au littérateur Joan Exarch, que Siméon avait pris sous sa protection.

Cette langue bulgare classique passa, comme la religion grecque, successivement en Serbie et en Russie, où, en modifiant légèrement ses formes, elle devint la langue de l'Église. Le bulgare moderne découle de cette langue liturgique et diffère sensiblement du russe et du serbe. Les Serbes ne veulent pas admettre que leur langue d'Église soit l'ancien bulgare, ils disent que c'est l'idiome slovène.

Siméon fit traduire en bulgare le droit romain de l'époque et codifia les coutumes locales. Les Bulgares rappellent avec orgueil que Siméon est un contemporain de Charlemagne, mais qu'il était instruit, « tandis que le grand empereur ne pouvait signer qu'en faisant un point ».

C'est sous le règne de Siméon qu'il se développa en Bulgarie une puissante aristocratie dont les révoltes sous son successeur aidèrent puissamment au démembrement du royaume.

En poursuivant l'étude de l'histoire de ce peuple, on voit qu'elle n'est qu'une série de luttes contre Byzance et de dissensions intestines entre les « Boliards » ou aristocrates.

Au cours de la guerre contre Basile, celui-ci s'empara de 5o.ooo Bulgares auxquels il fit crever les yeux, ne laissant qu'un œil à un homme sur 1.ooo pour conduire les autres. Lorsque le Tsar Samuel reçut à

Prilep les misérables torturés, il tomba en faiblesse et mourut peu après. C'est à ce Tsar que la Bulgarie devait son agrandissement jusqu'à Durazzo.

Le royaume bulgare disparut au quatorzième siècle sous les dissensions de ses chefs. Bajasid, victorieux au « Champ-des-Merles », battit le tsar Schischman devant Tirnovo, tandis que le frère de ce dernier était également défait devant Widdin, puis de nouveau et malgré le secours de son allié, le roi Sigismond de Hongrie, à Nikopoli sur le Danube.

Dès ce moment, un certain nombre de localités situées à l'est des Balkans et surtout dans les monts Rhodopes se trouvaient être indépendantes des Turcs. Leurs habitants, appartenant à l'aristocratie, avaient embrassé l'Islam et portaient le nom de « Pomaks ».

Je parlerai plus loin de ces républiques particulières.

La domination turque leur fit perdre leur caractère belliqueux, mais celui-ci se retrouva au moment des victoires de Kir-Kilissé, de Lule-Burgas et de Tschorlu.

On trouve des Bulgares depuis le bas Danube jusqu'à la mer Égée, principalement aux environs de Dedeagatsch, de Kavalla et de Salonique, sur les bords de la mer Noire, dans la Dobrudja et la Bessarabie, sur la Morava bulgare et sur les bords du lac Ochrida.

La population bulgare des abords de la mer Égée est naturellement mélangée de Grecs et de Turcs. Dans la région du lac Ochrida, qui sépare les populations bulgares des Albanais, et le long de la Morava, les Bulgares sont fortement métissés de Serbes, tandis que sur la mer Noire et près de Rodosto, dans les villages de Tschadaldja, la population est mélangée de Turcs et de Grecs.

Le climat de la Bulgarie telle qu'elle existait avant

la guerre actuelle, marque la transition entre le climat méditerranéen et celui de l'Europe continentale, il est très sain. La végétation comprend des produits des deux zones.

La Bulgarie produit beaucoup de froment, du maïs, du riz et du vin; le tabac, le coton et les figues y réussissent bien. Les roses de la plaine de Kasanlik sont célèbres.

En raison de la dualité du régime atmosphérique, le Bulgare supporte aussi bien le voisinage de la mer que le séjour dans l'intérieur du continent, même quand il s'agit de la Russie.

Le pays est en général montagneux, avec de grandes plaines intermédiaires, formant les vallées de la Maritza, de l'Isker ou les environs de Sophia. La variété de la formation géographique a exercé son influence sur le caractère bulgare, qui se distingue par l'amour du travail, le courage, la largeur de vues et l'intelligence.

Si le Bulgare est originaire de la Finlande, son aspect extérieur ne rappelle guère le Finlandais. Il a le visage ovale, le nez droit ou peu infléchi vers le bas; les cheveux des Bulgares de race pure que l'on rencontre dans les Balkans occidentaux et à Lovetsch, sont blond foncé.

Les pommettes et le menton sont fortement accusés, les yeux souvent bridés. Les hommes, aux larges épaules et aux muscles vigoureux, ont une physionomie énergique et intelligente.

La langue est le seul idiome slave qui possède des articles, ils sont placés à la suite des substantifs. « To, Ta, To » (Le, La, Le neutre). La langue bulgare est aussi la seule qui n'emploie ni infinitif ni déclinaisons. La conjugaison des verbes est en général faible et permet d'exprimer par des nuances le subjonctif et le conditionnel.

Ce n'est plus guère que dans les campagnes que l'on rencontre encore le costume national. Les hommes ne portent pas, comme presque partout dans les États balkaniques, le *Fez* turc, mais bien le *Kalpak*, bonnet en peau d'agneau. Le reste de l'accoutrement classique comprend les larges culottes, *Poturi;* la ceinture rouge, *Pajas;* la veste, *Abba*, et en hiver une tunique, *Djube*, en peau. Les chemises, très apparentes, sont brodées en diverses couleurs. Les vêtements des femmes sont plus ornés encore. Les manches de leur corsage sont, en général, brodées de rouge ou de jaune, les jupes souvent de couleur. La tête est couverte d'un fichu blanc, rouge ou vert, appelé *Schamia*.

Les jeunes filles portent des jupes plus courtes et nouent le foulard autour de la tête. Les femmes et les jeunes filles aiment à se couvrir de bijoux ou de pièces de monnaie. Les couleurs sont plus claires en Moesie, ou dans les environs de Sophia; en Bulgarie occidentale, le blanc domine. Les hommes y portent des pantalons étroits et blancs. On veut voir, dans cette habitude du blanc, un souvenir du costume romain. En Thrace, l'habillement devient de plus en plus foncé; en Macédoine, il est tantôt clair, tantôt foncé.

Lorsqu'un jeune homme est en âge de se marier, il noue les lanières de ses sandales au-dessus du genou. En général, le mariage unit des jeunes gens du même âge; s'il n'en est pas ainsi, la femme est choisie de préférence plus âgée que ne l'est le mari. Les unions sont contractées de bonne heure, dans les campagnes, entre seize et dix-sept ans. Sous la domination turque, les hommes se mariaient à quinze, les filles des villes à treize

PAYSANNES BULGARES FAISANT LEURS ADIEUX AUX SOLDATS

UN CONVOI ADMINISTRATIF BULGARE

où quatorze ans. On pouvait voir alors trois générations former une *Zadruga*, sorte de clan. Les anciens occupaient la maison principale, les plus jeunes bâtissaient à côté de petites habitations appelée *Kolibi*. A la libération de la Bulgarie, la *Zadruga*, que l'on retrouve encore dans les autres pays slaves, tendit à se dissoudre, car la vie patriarcale devait être remplacée par le particularisme des civilisés. Depuis dix ans, les progrès de la civilisation, l'augmentation des moyens de communication, le passage à la caserne, ont fait disparaître des lois ce qui concernait le régime patriarcal et la *Zadruga*.

La population de la Moesie, du cercle de Sophia et de la Macédoine est assez homogène au point de vue de ses sentiments, elle est plus calme que celle de la Thrace volontiers fanatique. Les paysans de Tirnovo sont plus éveillés que ceux de Philippopoli. Les habitants de Widin et de Sophia sont très rusés, il est à remarquer que du temps de la domination turque, alors que partout les Bulgares apprenaient le turc, la population de Sophia était arrivée à imposer la langue bulgare aux Ottomans. Les paysans des environs de Sophia sont très conservateurs, c'est à cette cause qu'il faut attribuer le maintien du port des effets blancs.

La langue littéraire procède principalement de celle parlée jadis à Tirnovo, l'ancienne capitale. Le dialecte usité en Moesie et dans les environs de Sophia est plus énergique, plus précis et se prête mieux à la rhétorique, celui de la Thrace est plus chantant et moins calme. Les Macédoniens ont des vocables très durs et accentuent les premières syllabes, tandis que les Moesiens portent la tonique sur les dernières.

La psychologie populaire bulgare se distingue également de celle des autres États balkaniques. Le peuple n'est pas compatissant, et sa méfiance est extrême. On entend constamment dire : « On ne peut pas savoir. » Il ne compte guère sur les promesses, celles-ci font même mauvais effet. La devise populaire est *Tscherno na bjelo* (noir sur blanc). Lorsqu'on demande à un Bulgare de la basse classe comment il se porte, il répond : « Cela va bien, mais cela pourrait aller mieux. » Du reste, l'homme du peuple n'est jamais content de son sort, il cherche toujours le mieux. Il ne dit pas volontiers ce qu'il a fait, encore moins ce qu'il compte faire, et n'aime que le fait accompli.

Chaque fois qu'il le pourra, le Bulgare dissimulera les choses les plus insignifiantes à ses voisins les plus proches.

Ces habitudes de méfiance ont leur origine dans les cinq siècles passés sous le joug ottoman.

Le Bulgare est hospitalier, mais moins que le Russe. C'est pourquoi on trouve, dans le moindre village, des auberges que l'on ne rencontre pas dans les autres pays slaves.

Le Bulgare dissimule sa joie, car il se dit que les *tscherni dni* (les jours noirs) peuvent venir modifier la situation. Quoiqu'il s'en défende, le Bulgare est superstitieux, et ses principaux hommes d'État sont soumis à cette faiblesse.

Le Bulgare fait correctement et sans bruit ce qui lui a été donné à faire, la guerre actuelle en est une preuve.

Il existe au fond de l'âme populaire un fonds romantique que l'on retrouve dans les chansons locales. La littérature compte de très nombreux chants, en général du mode élégiaque et qui ressemblent aux mélopées hongroises. Depuis l'affranchissement, la littérature écrite s'est considérablement augmentée. Le drame et le roman ne datent guère de plus de trente ans. Le roman d'Iwan Wasow, *Sous le joug,* a été traduit dans toutes les langues et a été très favorablement accueilli à l'étranger.

Le meilleur des auteurs anciens est Luben Karavelow; parmi les jeunes, Aleko Konstantinow est un des plus appréciés, il a mis en scène, dans son roman *Bai Ganin,* les travers et la méfiance du petit bourgeois. Mihaleki Georgiew, qui a été chargé de fonctions diplomatiques à Belgrade, a obtenu des effets extraordinaires en appréciant d'une façon humoristique, en dialecte de Widin, l'évolution rapide de la nation et l'opinion que s'en faisait l'Europe.

Les principaux poètes lyriques sont Christo Botew et Wazow. Plutscho Slaveikow commença la *Chanson sanglante* que sa mort ne lui permit pas d'achever.

Le roi Ferdinand a dit de cette épopée qu'elle était l'Iliade bulgare. Jawrow et Kyrill Christow sont les poètes les plus appréciés de l'heure actuelle ; tous deux se sont largement inspirés des scènes de la domination turque, et Javrow se rendit même en Macédoine pour faire le coup de feu avec une bande.

Non loin du palais royal, à Sophia, se trouve un beau théâtre, et on construit en outre un opéra.

De tous les États balkaniques, c'est la Bulgarie qui, dans les dernières années, s'est le mieux présentée aux expositions universelles. Une grande exposition a été organisée en 1892 à Philippopoli.

L'Université de Sophia a été fondée sous Stamboulow.

Grâce aux libéralités d'Evlogii Georgiew, oncle de Geschow et bienfaiteur national, on construit actuellement une école des Arts et Métiers. Geschow, qui est président de l'Académie des Sciences fondée par ses soins, a fait beaucoup pour le développement de la culture intellectuelle. Mais c'est surtout au roi Ferdinand que la Bulgarie doit sa rapide évolution dans le domaine de la pensée. L'instruction obligatoire existe depuis trente-trois ans, aussi est-il rare de trouver quelqu'un, appartenant à la nouvelle génération, qui soit illettré. La meilleure loi scolaire a été promulguée en 1891 sous Stamboulow. Son idée maîtresse est de rendre, dans la mesure du possible, les écoles indépendantes des communes, sous le prétexte que celles-ci n'étant pas assez riches pour entretenir les instituteurs, ils devaient dépendre de l'État. Mais la véritable raison était le désir de soustraire les futurs citoyens aux influences des petites mares locales. Stamboulow voulait voir la jeunesse s'élever avec des idées patriotiques et nationalistes, en se tenant à l'écart de toutes les tendances socialistes venant de Russie. On peut dire que Stamboulow a été, auprès de la jeunesse, le meilleur propagateur de l'Idée nationale. Il veilla à rendre les jeunes Bulgares disciplinés à l'intérieur et révolutionnaires, à l'extérieur, contre l'Ottoman maudit.

Presque toute la littérature étudiée dans les écoles, celle des Botew, des Wasow, des Rakowski et des Karawelow, tend à inculquer aux hommes de demain la nécessité d'affranchir la Macédoine et de franchir un jour les Rhodopes. On comprend alors qu'au début de l'organisation des bandes, celles-ci aient trouvé tant d'adeptes dans l'Université et dans l'enseignement secondaire.

Les centres d'instruction des divers degrés se sont

tellement développés dans ces dernières années, que le chef démocrate Petko Karavelow a pu s'écrier un jour au Sobranié : « Nous avons déjà un prolétariat de bacheliers ! »

Malgré l'existence de leur université locale, les Bulgares aiment à se rendre dans les facultés européennes pour y compléter leurs études, et acquérir les notions de culture occidentale.

Au temps de la domination turque, la culture venait de Moscou ; elle tend actuellement à procéder de l'Ouest.

On trouve aujourd'hui, dans tous les ministères, dans les banques et les établissements privés, des employés qui ont fait leurs études d'une façon très complète à l'étranger.

On a pu constater, au moment de la mobilisation, combien de jeunes gens, revenant des contrées européennes, encombraient les trains et les bateaux du Danube.

On aura une impression caractéristique sur l'état d'esprit des Bulgares en lisant la page suivante arrachée au carnet de poche d'un soldat :

« Le détachement de Kirdzali reçut, le 20 novembre, l'ordre d'effectuer une marche forcée sur la ville de Gjumurdzin. L'opération commença le 21 et s'exécuta en trois colonnes. Le temps était frais et le ciel nuageux. La marche s'effectua sans difficultés, bien que nous eussions couvert ce jour-là 40 kilomètres sans long repos. Vers 3 heures, sans avoir rencontré l'ennemi, nous arrivions à l'extrémité du gigantesque massif du Rhodope. Nous débouchions à 3ʰ 30 dans la plaine, et la ville de Gjumurdzin se montrait à nos yeux. Notre artillerie de montagne prit position derrière une ancienne ruine romaine et couvrit la ville de ses obus, sans qu'on répondît à son feu.

« On envoya de la cavalerie reconnaître les abords de la ville. Une heure après nous apprenions que la ville se rendait, et bientôt nous descendions dans la plaine, dans un ordre parfait, les drapeaux déployés et au son des musiques. Les habitants du village voisin de Derekioi, qui est bulgare, vinrent rapidement à notre rencontre. Leurs larmes coulaient en voyant arriver les troupes libératrices. Un paysan me dit qu'on avait craint un moment de ne pas voir les Bulgares se risquer dans la plaine, et qu'on était résolu à accompagner notre détachement attendu depuis une semaine. Beaucoup de ces paysans s'unirent à nous et nous suivirent jusqu'à Gjumurdzin, tête nue, ayant jeté au loin leurs fez turcs.

« A 7 heures, nous trouvions dans le faubourg de la ville le Muphti et les notables, venus dans une calèche surmontée d'un grand drapeau blanc. Ils se présentèrent au général Geneff, commandant le détachement, et lui remirent la ville. Ensuite ce furent les Grecs qui vinrent nous souhaiter la bienvenue.

« Trois Hellènes, assis dans une voiture, me firent signe de m'approcher d'eux. Ils me demandèrent si je parlais le turc ou le grec; comme je répondais que non, la conversation s'engagea en allemand. L'un d'eux était un médecin, l'autre un fabricant, le troisième un directeur d'usine. Ils me demandèrent mon lieu de naissance et le degré de mes études. Quand ils apprirent que j'avais reçu une éducation supérieure, ils s'extasièrent et l'un d'eux s'écria : « Quel merveilleux pays que cette Bulgarie, où l'on rencontre des universitaires au rang des simples soldats ! »

«Là-dessus, ils m'offrirent des cigarettes et m'invitèrent à monter dans leur voiture. Comme je répondais que le soldat bulgare ne pouvait sans autorisation quitter les rangs, ils crièrent : « Bravo! » et battirent des mains.

« A 8 heures, la musique joua *Schoumi Maritza* et un petit détachement entra joyeusement dans la ville. Une nombreuse population nous contemplait des fenêtres. Je fus autorisé à quitter ma troupe et je me mis à la recherche d'un hôtel pour y soigner une dysenterie commençante. Je rencontrai un Bulgare auquel je demandai de m'indiquer un hôtel. Il me conduisit au cabaret tenu par le Bulgare Gadschanoff. A peine étions-nous entrés, un autre soldat et moi, que tout le monde se mit à crier : « Hourra! » et à enlever les fez. On nous baisait les mains en nous offrant des boissons variées. En ma qualité de malade, je refusai, mais dus cependant absorber deux verres de cognac.

« En peu de temps, nous avions fait connaissance avec le Bulgare le plus notable de la ville, Wilco Mihajloff, qui nous offrit l'hospitalité. Une scène touchante marqua notre entrée dans la maison de notre hôte : « Levez-vous, nos libérateurs franchissent notre seuil, embrassez-les! » Tous nous embrassèrent, et les larmes coulaient à l'envi. On nous donna à manger. M. Mihajloff me montra les barres de fer avec lesquelles il barricadait sa maison, craignant à tout instant la mort. Bientôt après arrivèrent les instituteurs bulgares de la ville, avec lesquels nous fîmes connaissance.

« L'instituteur Anastasoff me demanda si j'étais le rédacteur de la bibliothèque pédagogique dont il possédait plusieurs publications. Sur ma réponse affirmative, il se mit à mon entière disposition et me pria de passer la nuit chez lui, mais M. Mihajloff n'y voulut pas consentir. Une estafette de cavalerie mit fin au débat en annonçant que le général viendrait loger chez M. Mihajloff.

« L'archevêque Methode Kussewitsch a une grande influence sur la nation bulgare. Ce vieillard de soixante-dix ans me reçut dans son cabinet de travail à Stara Gora. La paroi est était couverte d'ikones en or, devant lesquelles brûlaient de nombreux cierges. Sur la table se trouvait le dernier ouvrage du prélat : *Le Suicide*. Methode Kussewitsch est un des maîtres de la littérature bulgare. On connaît davantage, à l'étranger, son influence politique. Il est considéré, depuis la mort du Metropolite Gregorij de Rustschuk, comme un des meilleurs conseillers du Roi.

« Son rôle a été considérable au moment de la séparation des églises bulgare et grecque.

« Kussewitsch était au fond partisan de Dragan Zankow, le fondateur du parti progressiste qui, après avoir fusionné avec le parti nationaliste de Geschow, est actuellement au pouvoir.

« L'archevêque dirait encore, à l'heure actuelle, ce que Zankow disait à la Russie : « Nous ne voulons de vous « ni roi ni vexations. » Methode Kussewitsch est un des plus chauds partisans de l'union avec l'Église romaine. Il y a quelques années, une députation bulgare, dirigée par Zankow et Sokolski, se rendit à Rome dans le but de réaliser cette union. Au retour, Sokolski fut nommé évêque. Cette démarche auprès du chef de la religion catholique avait des causes profondément nationalistes, les Bulgares ont attendu longtemps, de leurs voisins de l'Est, la satisfaction de leurs ambitions nationales. A l'heure actuelle, en présence de la faillite de leurs aspirations, ils se retournent vers les puissances occidentales dont ils espèrent l'intervention. Cette alternance entre l'Est et l'Ouest est la caractéristique de la politique bulgare depuis trente ans.

« Il est très intéressant d'entendre Methode Kussewitsch parler de cette époque. Malgré son grand âge, il a conservé une mémoire et une lucidité d'esprit extraordinaires.

« C'est lui encore qui adressait il y a peu de temps, à l'Église d'Angleterre un appel en faveur des chrétiens macédoniens opprimés.

« Lorsque le roi Ferdinand arriva à Stara Gora, sa première visite fut pour le vieil archevêque.

« Après m'avoir offert du café turc, le prélat me parla de la question macédonienne, qu'il connaît bien, car il est macédonien d'origine. Il me dit : « Les Turcs em-« ploient à l'égard de la Macédoine un dicton carac-« téristique, ils disent : « Nous l'avons conquise avec « le couteau, c'est avec le couteau que nous la défen-« drons. »

« Les Turcs, ajoute l'archevêque, savent parfaite-« ment que l'heure finale a sonné pour eux, mais leur « dicton est trop profondément ancré dans leur esprit « pour qu'ils changent leur manière de faire. Jamais « ils n'accompliront de réformes; ils sont incapables « de travail personnel, ils auront toujours besoin d'un « esclave, et voilà pourquoi il y aura toujours antino-« mie entre les promesses de réforme turques et les « exigences européennes.

« Le Turc se montre extrêmement bienveillant vis-à-vis de tous ceux qui partagent ses croyances, mais dès qu'il entre en contact avec d'autres opinions, il perd tous scrupules et se croit tout permis. Les Turcs qui habitent la Bulgarie sont tranquilles, car ils n'ont pas à gouverner. J'ai personnellement, je vous l'assure, de très bons amis parmi les Turcs, mais j'estime néanmoins que c'est une œuvre de civilisation que de leur enlever l'autorité sur des peuples chrétiens ».

Au nombre des choses disparues pour toujours, figure également la « République Pomaque ».

A hauteur du cours moyen de l'Arda et de ses affluents de droite et de gauche se trouvent les massifs montagneux de Kirdjali et de Sultan-Eri, relativement très peuplés par une race mêlée de Turcs et de Bulgares.

Au point de vue religieux, cette population est tout entière musulmane. Son centre se trouve au village de Kirdjali sur les bords de l'Arda.

Le nom de Kirdjali a été souvent prononcé à l'occasion des massacres auxquels les habitants du district de même nom se livrèrent sur les chrétiens dans la seconde partie du siècle dernier.

Le traité de Berlin partagea le district en deux parties : l'une, avec une dizaine de gros villages, fut rattachée administrativement à la Roumélie orientale ; le reste demeura sous la domination turque. Mais ces deux rattachements ne furent réalisés que sur le papier ; tandis que les villages devenus bulgares entendaient ignorer les autorités bulgares, ceux demeurés turcs continuaient à se refuser au paiement de l'impôt.

L'Administration des Finances ottomane envoya un jour un collecteur d'impôts avec mission de recueillir les contributions en retard. Comme le fonctionnaire arrivait dans un village, le plus âgé des habitants lui remit un agneau en lui disant : « Porte ceci à ton maître, mais dis-lui bien que, s'il nous envoie un autre quémandeur, ce ne sera plus un agneau que nous lui ferons parvenir, mais bien la tête de son messager. »

Ces farouches montagnards formaient une véritable république que personne ne se souciait d'attaquer. Dans les documents administratifs de l'ancienne province de Roumélie orientale, ces villages figuraient sous la rubrique : « Villages insoumis ». A part leur importance stratégique, ils ne constituaient qu'une charge pour le pays. Peu après l'annexion de la Roumélie à la Bulgarie, en 1885, le cabinet Karavelow remit toute cette région aux Turcs, en se réjouissant d'en être débarrassé. Depuis cette époque, aucun des deux États voisins ne s'en est occupé.

Ce n'est que le quatrième jour après la déclaration de guerre, le 23 octobre 1912, que quelques troupes bulgares vinrent à Kirdjali pour occuper les positions stratégiques. Les notables pomaques vinrent assez amicalement à la rencontre des troupes bulgares et les saluèrent à la mode nationale : « Dobre Dosli. » (Soyez les bienvenus !)

Les soldats les suivirent dans les villages, où des troupes turques étaient cachées. Les Bulgares, surpris, virent leurs prétendus amis se joindre à leurs assaillants. Une lutte sanglante s'engagea, qui se termina par la défaite complète des Turcs et des Pomaques.

Le district de Kirdjali fut occupé par les Bulgares, et les villages où la résistance avait été la plus forte furent rasés.

C'est ainsi que prit fin la « République de Kirdjali ». Née avec le sang, elle se termina dans le sang.

Disons maintenant quelques mots sur la question religieuse en Macédoine.

Les quelques musulmans épars au milieu des populations chrétiennes de Macédoine n'ont pas de dispositions hostiles et ils sont bien traités par les autres races. Il en est, du reste, de même en Bulgarie. Un dicton slave dit : « Poturica je gorji od Turcina. » (Un renégat est plus ardent qu'un vrai musulman.)

Mais ce n'est, en général, pas en Macédoine que ce proverbe trouve son application. Turcs pur sang, connus dans certains endroits sous le nom de « Jurutzi », ailleurs de « Konjari », comme les nouveaux convertis à l'islamisme, s'entendent très bien avec les chrétiens et forment une population laborieuse qui doit son bien-être à la présence des chrétiens. Ceux-ci, en effet, prennent à bail les domaines musulmans, en tirent de bonnes récoltes qui profitent, en partie, au propriétaire ottoman. Celui-ci est, en général, charitable. Il se plaît aux legs de bienfaisance, assurant, par exemple, l'alimentation en eau des contrées déshéritées à ce point de vue. Les fontaines ainsi construites sont ornées de sentences pieuses. On construit, dans les mêmes conditions, des ponts, des asiles d'orphelins ou de pauvres.

Les mulsumans aiment beaucoup leurs amis et tiennent à vivre en bons termes avec leurs voisins, même s'ils ne sont pas de la même religion.

La question des bandes fera l'objet d'un chapitre spécial.

CHAPITRE VI

LE PEUPLE BULGARE EN ARMES

Depuis vingt-cinq ans la Bulgarie n'a cessé de se préparer à une guerre offensive contre la Turquie.

Exception faite des défenses de Sophia, la Bulgarie n'a aucune protection contre une invasion turque, la ligne principale d'invasion, Andrinople—Philippopoli, n'est barrée que par la tête de pont de Semenli, qui n'a guère de valeur.

Il est donc indispensable que l'armée bulgare soit en situation de refouler l'envahisseur.

Toutes les mesures prises pour organiser l'armée ont eu en vue l'offensive. L'Etat a tout mis en œuvre pour centraliser dans sa main toutes les forces et tous les moyens dont il pouvait disposer.

Avec une population globale de 3.750.000 habitants, la Bulgarie a mobilisé, en y comprenant les troupes de complément, un demi-million d'hommes, représentant plus de 15 °/₀ de la population totale. Une telle proportion n'a été atteinte nulle part, même pas en France.

Le Gouvernement a également dû faire un large appel aux ressources financières afin d'assurer la mise en œuvre d'un effort aussi colossal. C'est ainsi que le budget de 1911 comprenait, sur un ensemble de 170 millions de couronnes, 37 millions et demi consacrés aux dépenses militaires.

La puissance militaire bulgare repose sur l'utilisation complète des ressources fournies par le service obligatoire, qui appelle sous les drapeaux tous les hommes de vingt à quarante-six ans. Seuls, les musulmans se rachètent à prix d'argent.

Les hommes du service auxiliaire peuvent être appelés à servir pendant quatre mois, et, en temps de guerre, on envisage l'appel anticipé des jeunes gens de dix-sept à vingt ans.

Par suite du grand nombre d'hommes jugés bons pour le service et de la faiblesse des effectifs de paix, beaucoup d'appelés passent directement dans la réserve. Le contingent annuel comprend environ 90.000 hommes, dont le tiers seulement est incorporé.

Le service est de deux ans dans l'infanterie, de trois ans dans les autres armes. L'effectif budgétaire de 1911 comprenait 3.570 officiers, 56.000 hommes et 10.000 chevaux.

Sur le pied de guerre, la Bulgarie peut compter sur 8.500 officiers, 385.000 soldats, sans compter d'autres éléments de remplacement.

Au point de vue du recrutement de ses chevaux, la Bulgarie est tributaire de l'étranger, principalement de l'Autriche-Hongrie et de la Russie. Elle dispose, en temps de paix, d'environ 10.000 chevaux, 4.000 chevaux d'artillerie sont en outre en pension chez des particuliers. Les besoins de l'armée mobilisée sont évalués à 70.000 chevaux et animaux de bât.

L'infanterie est armée du fusil Mannlicher de 8ᵐᵐ. et du fusil à répétition Modèle 1895. L'artillerie attelle des canons à tir rapide système Schneider-Canet.

L'artillerie de montagne comprend 32 batteries à tir rapide système Krupp, soit 146 pièces. Il y a encore des modèles ancien Krupp et Schneider.

L'artillerie lourde comprend 36 obusiers Schneider de 12^{cm} et des pièces plus anciennes.

En temps de paix, l'armée est répartie en trois inspections d'armée embrassant chacune 3 divisions d'infanterie et 1 brigade de cavalerie.

La division d'infanterie comprend 2 brigades de 2 régiments, 1 régiment d'artillerie de campagne, 1 compagnie du train, 1 hôpital divisionnaire, un dépôt de munitions divisionnaire. L'effectif total de la division s'élève à 16 bataillons, 4 compagnies de mitrailleuses, 9 batteries, 2 escadrons, et compte, s'il y a lieu, une certaine proportion d'artillerie de montagne.

En temps de guerre, l'ensemble des forces se groupe en trois armées. Chacune d'elles comprend, en principe, trois divisions d'infanterie.

La division compte 2 brigades de 2 régiments, 1 régiment d'artillerie à 3 groupes de 3 batteries de 4 pièces, 2 escadrons, 1 bataillon de pionniers, 1 demi-compagnie technique, l'équipage de pont divisionnaire, un détachement télégraphique, des organes de ravitaillement en munitions et en vivres, des formations sanitaires.

Chaque circonscription divisionnaire mobilise, en outre, une brigade ou une division de réserve, formant au moins 2 régiments à 4 bataillons, et un certain nombre (3 au moins) de batteries de complément armées de matériel Krupp avec les sections de munitions correspondantes.

La garde des frontières a été assurée jusqu'à présent par 18 compagnies de gardes-frontières, prélevées

sur les divisions stationnées à proximité de ces frontières.

Le projet de réorganisation de Savow envisageait le
dédoublement des neuf divisions du temps de paix. On
disposait des hommes instruits nécessaires pour obtenir ce résultat. Mais, au moment où la guerre fut
déclarée, cette réorganisation n'était pas terminée, et
l'armée entra en campagne avec ses neuf divisions
anciennes, complétées par autant de brigades de
réserve.

Mais les effectifs de ces grandes unités étaient tels,
qu'on peut parfaitement les assimiler à des corps
d'armée.

Des quatre États confédérés, c'est incontestablement
à la Bulgarie qu'allait incomber la tâche la plus lourde.
Elle avait tout d'abord à briser la résistance de l'adversaire, puis à lui porter le coup mortel. Pour cette
mission, la Bulgarie était livrée à ses propres forces
et n'avait aucune aide à attendre de ses voisins.

Le développement du plan des alliés dépendait donc,
en première ligne, de la force offensive de l'armée bulgare et du temps pendant lequel elle serait assurée de
la supériorité sur l'armée turque.

Mais si le rôle de la Bulgarie devait être le principal,
elle était, par contre, infiniment mieux placée pour
porter à l'adversaire des coups décisifs. Dès que les
armées bulgares franchissaient la frontière, elles se
trouvaient en plein centre des forces adverses. Andrinople et Kirk-Kilissé, ces deux boulevards ottomans,
n'étaient tout au plus qu'à deux faibles étapes de la
frontière bulgare, et on ne compte que huit ou dix
étapes avant d'atteindre les lignes de Tschaldscha qui
constituent la dernière défense de la capitale ennemie.

LE DERNIER APPEL AVANT L'EMBARQUEMENT EN CHEMIN DE FER

RÉSERVISTES DU 3ᵉ BAN

Une offensive d'amplitude aussi limitée facilite singulièrement la tâche du commandement qui n'a pas a compter avec les difficultés sans nombre résultant de la nécessité de porter son effort à des centaines de kilomètres de la base de concentration, et qui peut, dans ces conditions, exiger beaucoup plus des troupes. En outre, la question des renforcements ultérieurs devient infiniment moins difficile à résoudre.

De même, la question si délicate du ravitaillement des armées modernes se trouvait singulièrement simplifiée, en raison du peu de profondeur géographique du théâtre d'opérations et de la sobriété du soldat bulgare dont les besoins sont beaucoup moins considérables que ceux des autres armées.

La Bulgarie pouvait espérer, du moment que la coopération de ses chefs politiques et militaires lui faisait éviter la lenteur de la guerre de positions en rase campagne, qu'elle se trouverait rapidement en situation de rendre impossible à son adversaire la retraite sur Constantinople.

Rien n'était plus facile, ensuite, que d'en finir avec lui et de terminer la guerre en quelques semaines.

Dans ces conditions, rien n'empêchait de mettre en ligne, dès le début, les forces que d'autres armées doivent conserver en réserve en vue de besoins ultérieurs, tels que le renforcement des unités de première ligne affaiblies par les chocs initiaux.

L'utilisation, dès la première heure, de toutes les forces disponibles n'était pas de nature à compromettre le succès de la campagne.

Toutefois, afin d'éviter des mécomptes et des surprises fâcheuses, il était indispensable de préparer l'opération projetée jusque dans ses plus petits détails.

La brève, mais cependant énergique offensive des Bulgares, n'a été rendue possible que par le bon fonctionnement du service de l'arrière. La collaboration de l'intendance et de l'état-major a été, comme j'ai pu m'en assurer à plusieurs reprises, tout à fait remarquable.

Le pays ne s'est pas borné à mettre aux mains du commandement toutes ses ressources matérielles en vue de la préparation et de l'exécution de la guerre, il s'est, en outre, offert corps et âme aux autorités administratives pour assurer un ravitaillement parfait des forces en campagne et un maximum de soins aux blessés.

En voyant fonctionner sans à-coups les nombreux rouages de l'armée bulgare, il m'a été possible de me rendre compte de la somme colossale d'efforts accomplis au cours de la période de préparation.

Ce travail initial était d'autant plus nécessaire, qu'en accumulant la valeur de onze corps d'armée environ sur un aussi petit théâtre d'opérations que la Thrace, on allait se trouver en présence de difficultés de ravitaillement extraordinaires.

Il ne faut pas perdre de vue, en effet, que les routes sont mauvaises, que la ligne ferrée au meilleur rendement passe par Andrinople, et que la succession rapide des batailles allait amener les troupes à demeurer assez fortement concentrées.

L'organisme militaire bulgare s'est, à d'autres points de vue également, révélé excellent.

Les grandes manœuvres annuelles ont formé les chefs au maniement des grandes unités. La discipline et l'esprit des officiers et de la troupe sont excellents. La division territoriale du territoire a singulièrement facilité la mobilisation, et, grâce au patriotisme de la population, tout le monde s'est trouvé à son poste. Le rappel des hommes de complément s'est effectué avec une remarquable rapidité. Le dernier montagnard voyait dans cette guerre une question d'honneur national, et quiconque aurait tenté de se soustraire à son devoir militaire aurait été, pour sa vie durant, mis au ban de ses concitoyens.

Le même enthousiasme s'est révélé parmi les jeunes gens non encore soumis aux obligations militaires et parmi les hommes ayant déjà payé leur dette à la Patrie. De nombreux vétérans de la guerre de 1877-1878 sont venus reprendre leur place dans le rang.

Dès les premiers jours de la mobilisation, 95 % des réservistes avaient rejoint, et chaque jour voyait arriver ceux habitant l'étranger ou même les pays d'outremer.

Quarante députés, légalement dispensés de servir, s'enrôlaient comme volontaires, et le Parlement entier consacrait une partie de ses émoluments à doter l'armée d'un aéroplane.

La ville de Sophia a dépensé un demi-million pour assurer la subsistance des familles nécessiteuses dont le chef est sous les drapeaux.

C'était à Sophia, la capitale, que s'était concentrée toute la vie militaire et que, par suite de la coopération à la même œuvre de toutes les classes de la société, l'enthousiasme a atteint le diapason le plus élevé.

Lorsque aux derniers jours de la mobilisation j'arrivai à Sophia, la plupart des magasins étaient fermés, par suite du départ des chefs et des employés. Malgré la crise économique, bien naturelle, personne ne se plaignait et, nulle part, on n'entendait émettre de vœux en faveur d'une solution pacifique. On ne pouvait plus songer à faire des affaires, tant que les « frères asservis » n'auraient pas été délivrés.

Seuls, les armuriers avaient à se féliciter de la situation. Leurs magasins étaient devenus de véritables arsenaux; aux vitrines, les mousquets à pierre fraternisaient avec les brownings. La vente d'effets d'équipement ne chômait pas non plus. On s'enlevait les fourrures russes les plus précieuses, les peaux de moutons à peine écorchés, les guêtres, les bottes, etc. Dans la rue « des Juifs », à droite de la Witoschka, les Macédoniens marchandaient de vieux habits dans la boutique du revendeur en gros Ezza F. Konfino, juif levantin.

L'ardeur de ceux qui voulaient s'équiper à bon compte était telle qu'on craignait à tous moments une rixe suivie de mort.

Hier, la ville était encore un peu animée; aujourd'hui, les derniers retardataires ont gagné la frontière.

La police urbaine, à pied et à cheval, vient de passer sur la Place royale. Ils étaient couverts de fleurs; de la bouche des fusils, portés à la russe, émergeaient des fleurs rouges ou jaunes. En passant devant le Palais royal, les policiers, destinés à entrer dans la gendarmerie de campagne, firent une ovation au Roi en criant: « Urra! Urra! »

On dit que Ferdinand n'est plus au Palais et qu'il est en route pour le quartier général de Stara Gora.

Un certain mystère a enveloppé, dans ces derniers temps, la vie du Tsar bulgare. Malgré la présence, à la hampe qui surmonte le Palais, de l'étendard royal, malgré le maintien des deux factionnaires qui, baïonnette au canon, surveillent la porte d'entrée, il n'est pas certain que le souverain soit à Sophia. « Nous n'en savons rien nous-mêmes », me disait en souriant un brillant officier de la Garde.

Le roi Ferdinand voyage beaucoup et même, quand il séjourne dans sa capitale, il conserve souvent l'incognito.

La Tsarine est plus accessible. La veille de la mobilisation, elle revint d'Euxinograd et prit quelques dispositions dans les hôpitaux en vue de l'arrivée des blessés.

La souveraine a déjà, au cours de la guerre russo-japonaise, pris une part active aux travaux de la Croix-Rouge. Sa bonté l'a vite rendue très populaire.

Un employé du télégraphe m'apporta une dépêche. Ce jeune fonctionnaire n'est autre qu'un élève de cinquième du lycée de Sophia, qui, pour être, à sa manière, utile à son pays, a échangé provisoirement le dictionnaire du latiniste pour la sacoche du facteur dont le dépositaire normal a rejoint l'armée.

Du reste, toute la population mâle a pris la direction de la frontière. Il n'y a plus ni cuisiniers, ni garçons de cafés, ni aides-bouchers ; la table d'hôte du Grand-Hôtel de Bulgarie, le premier de la ville, est servie par un vieux savetier. « C'est la guerre ! » Pendant trois jours, on ne put obtenir ni pain, ni viande, ni volailles ; tout avait été réquisitionné. Lorsqu'une cuisinière portait mystérieusement un poulet, chèrement acheté dans un faubourg, elle ne tardait pas à voir son butin saisi et piqué au bout d'une baïonnette d'une patrouille méfiante et avisée, opérant au nom de la loi sur les réquisitions. Les boucheries et les boulangeries étaient gardées par la troupe. « Avant tout, le soldat ; ensuite, les autres », tel a été la règle de ces jours mémorables.

Les tramways ne fonctionnent qu'avec un personnel féminin ; on ne se plaint pas de voir leur service réduit, puisque la circulation est bien diminuée et que toutes les affaires sont arrêtées.

La séparation entre les soldats et leurs familles s'est effectuée avec une émotion presque joyeuse. Peu de femmes pleuraient ; les troupes défilaient à travers la ville, au son de chants patriotiques ou belliqueux, les fusils ornés de fleurs.

La population les accompagnait d'ovations chaleureuses ; mais, derrière cet enthousiasme, on sentait une volonté extraordinaire. Tous savaient qu'ils allaient engager une lutte sans merci, dont devait dépendre l'existence même de la Patrie.

L'armée ne peut revenir que victorieuse.

Une défaite arrêterait l'évolution de la nation pour toute une génération et donnerait le signal d'effroyables bouleversements intérieurs.

Mais ils ont vaincu, les braves soldats bulgares. Rendons hommage à cette belle armée et au patriotisme sublime des habitants !

Pendant un quart de siècle, la Bulgarie s'est préparée en silence ; puis, lorsque le moment est venu, sur un geste de son roi, le peuple tout entier, en armes, s'est jeté sur l'ennemi héréditaire pour le détruire.

CHAPITRE VII

L'ADVERSAIRE

———

Sans envisager les éventualités dépassant la région des Balkans, l'union militaire des quatre États présentait des dangers considérables pour la Turquie.

Mais, pour quiconque connaît un peu la situation, une telle alliance paraissait impossible : la diversité des intérêts et l'antagonisme de la Grèce, de la Serbie, du Monténégro et de la Bulgarie devaient rendre une telle entente impossible ou, en tout cas, ne lui assurer qu'une durée tout à fait éphémère.

La Turquie, elle non plus, n'avait jamais, dans ses projets d'opérations, tenu compte de cette éventualité, et si ses troupes étaient réparties sur l'ensemble de son territoire européen, il ne faut pas en chercher la cause dans une exacte prévision des événements. Lorsque, contre toute attente, la conjonction de tous ses adversaires, oubliant leurs dissensions passées, vint mettre la Turquie dans l'obligation de faire face sur toutes ses frontières européennes à la fois, elle se rendit compte de son infériorité vis-à-vis d'une coalition d'adversaires moins nombreux individuellement, mais mieux préparés à une lutte dont ils avaient eux-mêmes fixé l'échéance.

La réorganisation de 1909 devait, sur le papier, procurer à l'armée turque une force imposante.

L'ensemble des forces militaires, groupé, du temps d'Abdul Hamid, en sept « ordu » ou circonscriptions d'armée, devait être constitué en quatre armées, dont les 1re et 2e étaient affectées aux théâtres d'opérations européens, tout en recevant d'Asie Mineure le personnel et le matériel de remplacement nécessaires.

La 1re armée, destinée à faire face à la frontière bulgare, était échelonnée de part et d'autre d'Andrinople jusqu'à Constantinople. Elle comprenait le 1er corps (Constantinople), le 2e (Rodosto), le 3e (Kirk-Kilissé), le 4e (Andrinople). Aux termes du plan d'organisation, elle devait compter 12 divisions de nizam, 11 de redifs, du 1er ban, 6 de redifs du 2e ban, et 5 brigades de cavalerie, formant un ensemble de 220.000 fusils, 6.000 sabres et 454 pièces.

La 2e armée, stationnée en Macédoine, devait être plus forte encore, puisqu'elle devait compter 4 corps et 3 divisions indépendantes qui, abstraction faite des divisions de redifs du 2e ban, constituaient un ensemble de 32 divisions, soit 340.000 hommes et 500 pièces. Au cas où la guerre se prolongerait, on estimait pouvoir disposer encore de renforts importants provenant des territoires affectés aux 3e et 4e armées en Asie Mineure.

Mais ces magnifiques effectifs n'existaient que sur le papier.

Au lieu de créer un nouvel et imposant édifice, la réorganisation de 1909 s'était bornée à détruire ce qu'il y avait de bon dans l'ancienne armée, et à laisser ainsi l'Empire ottoman sans défense.

La situation politique, qui exposait à tout moment

la Turquie à entrer en campagne, rendait un essai de réorganisation bien dangereux. Les modifications prévues n'auraient dues être accomplies que petit à petit, sans mettre en péril les ressources dont on pouvait disposer immédiatement.

La réforme militaire entreprise par les Jeunes Turcs eut des effets analogues à ceux qui furent le résultat des changements radicaux introduits par le sultan Mahmud II, vers 1820.

Lui aussi voulait faire table rase du passé, sa méthode était simple et sanglante, il fit, comme on le sait, mitrailler les Janissaires mécontents.

Mais le résultat fut analogue à celui qu'obtinrent les Jeunes Turcs : l'armée nouvelle était encore dans les limbes quand surgit l'offensive russe. Diebitsch, menaçant Andrinople avec des forces relativement faibles, obligea la Turquie désarmée à demander la paix.

La déclaration de guerre des États balkaniques trouva également la Turquie en flagrant délit de réorganisation, ce n'est que sur le papier que son armée constituait véritablement la nation armée; dans la réalité, elle était incapable de faire une guerre sérieuse.

L'armée turque de 1912 retardait de trois ans. Elle n'avait fait que deux fois les grandes manœuvres, et la plupart de ses chefs n'avaient pas encore eu l'occasion de manier de grandes masses.

Les cadres étaient réduits, les réservistes non instruits, beaucoup d'entre eux ignoraient le maniement du fusil qu'on allait leur confier, l'organisation des grands services était tout à fait rudimentaire.

La mobilisation et la concentration de l'armée eurent à lutter contre d'énormes difficultés provenant de la mauvaise administration et du peu de rendement des voies de communication qui, en Asie Mineure par exemple, occasionnèrent des retards de plusieurs semaines.

Dans ces conditions, une grande partie des troupes entra en campagne insuffisamment préparée, ou même après les opérations décisives.

L'incorporation des chrétiens fut également une grande faute. Alors que la Bulgarie permettait aux musulmans de se racheter, les Jeunes Turcs voulaient contraindre toutes les populations chrétiennes à passer sous les drapeaux. Tous ces Bulgares, Grecs ou Serbes, enrôlés de force contre leurs compatriotes, ne pouvaient que constituer des éléments douteux. Bien que leur nombre ne fût pas très considérable, il ne détruisait pas moins l'homogénéité des troupes turques, cimentée jusque-là par une croyance commune. Alors que les armées confédérées franchissaient la frontière au nom de la Croix, la Turquie se voyait obligée d'entrer dans l'arène ayant perdu sa plus grande force morale.

L'entretien que j'ai eu à Stara Gora avec un Arménien fait prisonnier, et que je relate ci-après, montre combien on avait eu tort de prêter confiance aux chrétiens enrôlés de force dans les rangs musulmans.

On venait de recevoir un nouveau convoi de prisonniers turcs, comprenant 342 hommes et 2 officiers, 1 capitaine et 1 lieutenant. Ces prisonniers provenaient de Kadikoï.

Un groupe de ces soldats avaient, en entrant à Stara Gora, déjà jeté le fez, signe de leur nationalité musulmane, pour arborer les couleurs bulgares.

Ces hommes étaient des Grecs, des Arméniens et

des Bulgares. L'un d'entre eux, homme de haute stature et de belle carrure, au type de l'ancien Assyrien, — c'était un Arménien, — me raconta : «Vous demandez pourquoi nous portons, nous des prisonniers, les insignes bulgares? Vous ne savez pas, monsieur, que, depuis le début de la guerre, ce sont toujours nous, les chrétiens, qui ont été placés en première ligne. La plupart d'entre nous ont été blessés, nous sommes la chair à canon dans cette lutte contre les chrétiens. Jamais nous n'avons voulu tirer contre nos correligionnaires, et on ne pouvait nous forcer à le faire. Nous avons toujours tiré en l'air. C'est avec joie que nous avons vu la dispersion de notre bataillon. »

Avant même que la guerre ne commençât, l'armée turque était épuisée. Cette fatigue avait pour cause les continuels soulèvements en Albanie, au Yemen, le long maintien sur le pied de guerre, résultat de la guerre contre l'Italie et de la tension balkanique.

C'est au début de septembre, au plus mauvais moment, que les réserves, jusque-là maintenues sous les drapeaux, furent licenciées et renvoyées en Asie Mineure. Vers le milieu du mois, la classe active était libérée, tandis que les dix divisions de redifs, mobilisées le 23 septembre le long des frontières serbe et bulgare sous prétexte de manœuvres, ne réussissaient que lentement à se constituer. Lorsque aux premiers jours d'octobre la mobilisation des États balkaniques montra l'imminence de la guerre, il ne restait plus assez de temps pour mettre l'armée sur le pied de guerre et pour la concentrer.

C'est donc avec des forces insuffisantes, avec des chefs inexpérimentés, avec des hommes déshabitués du métier des armes et une organisation défectueuse que l'armée turque se heurta en Thrace à son adversaire principal.

Pour les raisons qui viennent d'être données, les mesures de sécurité prises par la Turquie, à l'annonce des armements de ses voisins, demeurèrent insuffisantes.

En faisant abstraction du théâtre d'opérations de la Macédoine où, de la grande armée de 350.000 hommes destinée à opérer contre les Bulgares, les Serbes, les Monténégrins et les Grecs, on pouvait à peine en mettre 100.000 en ligne, les forces turques destinées à faire face, en Thrace, au principal effort bulgare, demeuraient également en dessous du besoin. Et pourtant la Turquie pouvait disposer, pour sa mobilisation et sa concentration, non seulement du chemin de fer de Constantinople à Andrinople, mais encore, sur ses deux flancs, de communications maritimes.

A la déclaration de guerre, des quatre corps entrant dans la composition de la 1re inspection d'armée, le 4e était à Andrinople, le 1er et le 3e près et en avant de Kirk-Kilissé, le 2e entre Kirk-Kilissé et Andrinople. D'autres forces s'échelonnaient le long de la voie ferrée, mais n'étaient pas en mesure encore de faire sentir leur action, en raison de leur organisation incomplète.

Aux termes du plan d'opérations élaboré par le feld-maréchal von der Golz, l'armée de Thrace devait tout d'abord se maintenir sur la défensive. Cette tactique avait été proposée en raison de la haute valeur qu'on reconnaissait à l'armée bulgare et de l'impossibilité de passer à l'offensive avec une armée incomplètement organisée, sans l'exposer aux pires désastres.

Pour ne pas soumettre l'armée entière aux risques du premier choc avec l'adversaire, la concentration devait s'effectuer assez loin de la frontière, vis-à-vis de laquelle on ne laisserait que des éléments de couverture.

L'état-major ottoman considérait la ligne formée par le cours supérieur de l'Ergène comme susceptible de constituer un bon front défensif.

Cette ligne, située de part et d'autre de Tschorlu-Cerkeskoj, a une grande force naturelle ; elle pouvait être facilement améliorée et, grâce à la proximité du chemin de fer, ravitaillements et évacuations seraient faciles. Cette dernière condition n'était pas sans valeur en raison du mauvais fonctionnement des services.

Pour aborder le front de cette position, les Bulgares devaient au préalable enlever Andrinople, et, s'ils évitaient la place par l'est, ils avaient à faire tomber d'abord la résistance de Kirk-Kilissé.

Kirk-Kilissé acquiert son importance du fait que, située à l'est d'Andrinople, elle commande la communication la plus orientale avec Constantinople.

Andrinople barre, avons-nous dit, la principale route d'invasion conduisant de la Roumélie orientale vers Constantinople. Mais son action ne s'étend pas jusqu'à la mer Noire.

Le secteur compris entre Kirk-Kilissé et la mer n'est pas propre aux mouvements de grandes masses de troupes.

L'Istrandza Dagh, dont les contreforts s'épanouissent sur la contrée, forme une région montagneuse couverte de chênes et de hêtres ; elle est peu habitée, mal cultivée, les localités sont éloignées les unes des autres et le réseau routier très réduit.

Ce n'est qu'à Kirk-Kilissé que s'ouvre le terrain favorable aux opérations. C'est de cette ville que part une seconde voie ferrée qui mène à Constantinople par Bunarhissar et Viza Caladza. Elle jalonne la plus courte ligne d'opérations pour un ennemi qui, venant du nord, marche vers la capitale turque.

Il était évident que cette ligne devait être gardée si on ne voulait pas enlever à Andrinople une grande partie de sa valeur stratégique. Aussi, lorsqu'en 1882 le Gouvernement ottoman résolut de couvrir sa zone de concentration éventuelle contre la Bulgarie par une série de camps retranchés, on songea immédiatement à Kirk-Kilissé et à un point sur l'Ergène (Lule-Burgas ou Baba-Eski). Mais le plan ne fut que partiellement exécuté, et tout d'abord la mise en état de défense de Kirk-Kilissé demeura en suspens. En dehors de quelques petits ouvrages, trois forts permanents seuls furent édifiés à peu de distance de la ville. Cette organisation ne tardait pas à ne plus être à hauteur et, au moment de la déclaration de guerre, elle avait été très négligée.

Aujourd'hui que la Turquie a besoin d'un bouc émissaire, tout le monde s'en prend au maréchal von der Goltz, dont le plan défensif est la faute de tout. Parfaitement. Mais ce plan exigeait, comme condition essentielle, qu'Andrinople et Kirk-Kilissé fussent sérieusement fortifiées et capables d'arrêter l'effort de l'adversaire pendant quelques semaines, et de l'obliger à constituer de forts détachements. Le plus grand pessimiste turc, comme le meilleur optimiste bulgare, ne pouvaient deviner que Kirk-Kilissé serait forcée au premier choc.

Une autre condition était nécessaire pour que le plan de von der Goltz pût réussir; il fallait pour cela qu'il fût appliqué.

Lorsque, le 17 octobre, le Sultan donna aux troupes, non encore complètement organisées, l'ordre de franchir la frontière, on pouvait être certain que cette offensive ne tarderait pas à se transformer en lamentable déroute.

Au début de la guerre, les personnalités compétentes estimèrent que le salut de la Turquie résulterait de l'emploi de la « ligne intérieure », qu'elle ne pourrait être victorieuse qu'en se jetant immédiatement sur l'adversaire le plus dangereux et le plus rapproché.

Le cours de la lutte a montré l'erreur d'une pareille conception. Même les plus enragés partisans de « l'offensive à tout prix » doivent être convaincus, à l'heure actuelle, que cette tactique aurait placé les armées turques en face d'une bien plus grande catastrophe encore.

Du moment que l'armée turque n'était pas prête pour l'offensive, elle pouvait d'autant plus facilement renoncer à la prendre, que la situation politique ne lui imposait pas ce genre de tactique. Il suffisait à la Porte, qui, en politique, se trouvait sur un terrain défensif, de se borner à parer les attaques adverses pour atteindre le but qu'elle recherchait.

Dans cette concordance étroite de l'objectif politique avec les moyens militaires dont elle disposait, résidait, pour la Turquie, la seule chance de succès sur laquelle elle pût compter.

Alors que les États balkaniques devaient vaincre, il suffisait à la Turquie de ne pas succomber. C'est sur ce point que résidait l'avantage pour le haut commandement turc. En ne sachant pas en tirer parti, en affaiblissant les rudiments de cohésion des troupes dans une offensive sans issue, en négligeant enfin la mise

en état des places fortes, le haut commandement ottoman a attiré les désastres sous lesquels ses armées ont
succombé.

Les forces turques, si elles avaient été dirigées suivant
une méthode appropriée à leur tempérament, auraient
dû, sinon vaincre, du moins résister avec succès.

De telles armées ne sont pas susceptibles d'offensive, on doit limiter leur action à l'occupation de tranchées et d'ouvrages, à la défense de positions où elles
n'ont pas de mouvements compliqués à effectuer.
Abrité derrière une tranchée, abondamment pourvu
de munitions, le soldat turc est toujours l'excellent
combattant qu'on a admiré à Plevna.

Il s'est montré pareil à lui-même dans toutes les
opérations défensives autour d'Andrinople-Kirk-Kilissé
et Lule-Burgas.

Les Bulgares l'ont bien reconnu, comme le montre
le récit que me fit un blessé du premier combat, près
de Kurtkalé, au sud-ouest de Mustapha-Pacha.

« Il était environ midi quand nous arrivâmes dans
la zone d'action efficace des Turcs. On voyait leur
blockhaus étaler ses noirs créneaux au sommet d'une
pente abrupte. On ne s'arrêta pas longtemps à tirer,
et on partit à la course, par petits groupes, pour esca-
lader la pente. Cette opération n'était pas facile. Les
Turcs tiraient comme des possédés, et bien que leur
tir ne fût pas très bon, il n'en fauchait pas moins un
grand nombre des nôtres chaque fois que nos lignes
se levaient.

« Au bout de trois heures nous étions en haut. Mais
les Turcs se battaient en désespérés et ne songeaient
pas à se rendre.

« On mit le feu à l'ouvrage, et la lutte continua au

Arrivée du Roi a Mustapha-Pacha

(Suivant la vieille coutume bulgare, il foule aux pieds une arme ennemie)

Train sanitaire a Yamboli

milieu des débris enflammés. Les Turcs tenaient bon,
et, par les créneaux d'où s'échappait une épaisse
fumée, ils continuaient à tirer comme des enragés.
Tous ceux qui occupaient l'ouvrage périrent, quatorze
d'entre eux seulement, qui combattaient au dehors, se
rendirent. Tous se sont battus comme des lions. Si tous
les Turcs sont comme ceux-là, ajoutait le soldat, nous
aurons de l'ouvrage devant Andrinople ! »

Une défensive préparée aurait eu pour résultat de
faciliter les ravitaillements en tout genre, ce motif
dans une armée aussi mal organisée, aurait déjà dû
dicter la ligne de conduite à tenir.

Au lieu d'agir ainsi, les Turcs voulurent, dans toutes
les actions décisives, passer à l'offensive au moins sur
un point.

Pour quiconque connaît un peu l'armée bulgare, la
défaite des Turcs était, dans ces conditions, inévitable.

Devant Kirk-Kilissé, lorsque j'eus appris que le Sultan
avait donné l'ordre de prendre l'offensive, j'avais
adressé à mon journal le télégrammme suivant : « ... Si,
pour obéir à l'ordre du Sultan, les Turcs se décident à
l'offensive, on peut être certain de la victoire des
armées bulgares ».

Certes, c'est l'offensive seule qui peut entraîner des
résultats positifs, mais il faut avant tout que l'armée
qui veut l'employer soit en état de le faire ; s'il n'en
est pas ainsi, elle ne fait, en opérant offensivement,
qu'accélérer l'heure de sa défaite.

CHAPITRE VIII

LA DÉCLARATION DE GUERRE

Le passage au pied de guerre ne s'effectua pas d'un seul jet, mais bien petit à petit.

Tandis que, dans chaque camp, on ne cessait d'affirmer son amour de la paix, toutes les mesures étaient prises pour accélérer la mobilisation et la concentration, de sorte que l'état de tension s'accroissait tous les jours.

L'ordre de mobilisation générale lancé simultanément en Bulgarie et en Serbie le 30 septembre avait été suivi d'une série de mesures, qui, comme la saisie de navires et de matériel de guerre par les Turcs, ne pouvaient qu'être considérés comme des actes d'hostilités.

Malgré que les rencontres importantes dussent être remises à plus tard, les troupes frontières n'avaient pas tardé à en venir aux mains dans une série d'échauffourées, dont, bien entendu, aucun parti ne voulait accepter la responsabilité.

Bien que ces combats, qui se livrèrent autour des postes de Djchadie et de Brezc dans le Sandschak de Drama, près de Kartbunar et dans d'autres endroits encore, eussent eu une certaine importance, on n'en était pas encore arrivé à une rupture complète des relations diplomatiques. Du côté bulgare surtout, bien que la déclaration de guerre fût imminente, on exprimait encore l'espoir d'en arriver à une entente.

On n'arrivait pas, en Europe, à comprendre les causes de cette hésitation apparente de la Bulgarie. On était persuadé partout, à juste raison du reste, que le salut de la Bulgarie dépendait de la rapidité avec laquelle elle saurait porter des coups décisifs et, dans la situation présente, chaque jour de retard semblait devoir réduire ses chances de succès.

Lorsque des renseignements venus de Constantinople eurent fait connaître que les forces turques réunies autour d'Andrinople—Kirk-Kilissé comptaient, le 13 octobre, 180.000 hommes et qu'il en arrivait journellement 10.000 d'Asie, on crut généralement que les Bulgares avaient laissé passer le moment favorable.

Seul, un journal anglais avait montré, dans la seconde quinzaine d'octobre, les défauts de la préparation turque et les vices de sa concentration. Ces renseignements furent, par la suite, reconnus exacts.

Les Bulgares étaient tout aussi bien renseignés sur le degré de préparation de leur advervaire, et l'État-major bulgare ne s'était pas borné à étudier le terrain des rencontres futures ; il avait poussé ses investigations plus loin.

Il savait que l'armée bulgare pouvait poursuivre tranquillement sa mobilisation et sa concentration, et effectuer toutes les opérations préparatoires nécessaires, sans risquer de perdre l'avance qu'elle avait sur l'ennemi.

La guerre fut déclarée officiellement en même temps par les Turcs et les Bulgares.

Le 17 octobre, à 9^{h}30 du matin, l'envoyé

bulgare à Constantinople, M. Sarafow, fut invité à demander ses passeports et à quitter le territoire ottoman. En réponse, il remettait à la Porte la déclaration de guerre bulgare.

Le même jour, à 10ʰ30 du matin, le roi Ferdinand quittait Sophia et se rendait à son quartier général de Stara Gora, d'où il lançait le manifeste suivant :

« Bulgares ! Au cours de mes vingt-cinq années de règne, j'ai constamment cherché à diriger la Bulgarie dans la voie des travaux de la paix et du progrès. Mon plus vif désir était de poursuivre mes efforts dans ce sens. Mais la Providence en a décidé autrement.

« L'heure est venue, où la nation bulgare doit renoncer aux bienfaits de la paix et recourir aux armes pour résoudre une question difficile.

Nos coreligionnaires et frères par le sang qui vivent au delà du Rilo et du Rhodope ont été moins heureux que nous ; trente-cinq ans après notre libération, ils n'ont pu encore acquérir une existence dont ils sont dignes. Tous les efforts faits, soit par les Puissances européennes, soit par le Gouvernement bulgare, n'ont pas réussi à assurer à ces chrétiens les droits et les libertés auxquels ils ont droit.

« Nos cœurs ne pouvaient rester insensibles aux larmes et aux plaintes de ces esclaves des Balkans, de ces millions de chrétiens. Ne sommes-nous pas leurs frères et ne devons-nous pas nous-mêmes notre liberté et notre repos à notre libératrice chrétienne ?

« La Nation bulgare s'est souvenue des paroles prophétiques du Tsar Libérateur, l'œuvre sainte doit être achevée. Notre amour de la paix s'est dissipé. Pour arracher les populations chrétiennes au joug des Turcs, il ne reste qu'un moyen, courir aux armes. C'est ainsi seulement que nous pourrons leur assurer la sécurité de l'existence et de la propriété.

« L'anarchie des provinces ottomanes menace même notre propre existence. A la suite des massacres d'Istip et de Kotschana, alors que nous demandions justice et sécurité dans l'avenir au Gouvernement turc, il a ordonné la mobilisation de ses armées. Notre patience a été ainsi mise à une rude épreuve.

« Les sentiments humains et religieux, le devoir sacré de venir en aide aux frères menacés d'anéantissement, l'honneur national, m'ont obligé à appeler la nation sous les armes.

« Notre mission est juste, grande et sainte. Profondément persuadé que la protection et l'aide du Tout-Puissant ne nous abandonneront pas, je porte à la connaissance de la Nation bulgare que la guerre pour l'affranchissement des chrétiens est déclarée à la Turquie.

« A nos côtés, et combattant pour la même cause, se tiendront les armées des États balkaniques alliés à la Bulgarie, la Serbie, la Grèce et le Monténégro.

« Dans cette lutte de la Croix contre le Croissant, de la liberté contre la tyrannie, nous serons accompagnés par les sympathies de tous ceux qui aiment la justice et le progrès.

« Puisse le valeureux soldat bulgare, soutenu par elles, se souvenir des hauts faits de ses ancêtres, de la valeur de ses instructeurs, les Russes libérateurs, et marcher de victoire en victoire. *En avant*, Dieu est avec nous ! »

CHAPITRE IX

LE PLAN D'OPÉRATIONS BULGARE

———

Si le haut commandement bulgare avait été aussi mal renseigné que l'opinion publique européenne sur la véritable valeur de l'armée et des fortifications turques, il est probable qu'il n'aurait jamais déclaré la guerre. Il n'est pas douteux, en effet, que si Kirk-Kilissé avait offert une résistance analogue à celle dont Andrinople et Scutari nous donnent encore des exemples à l'heure actuelle, les forces bulgares auraient été dans l'impossibilité d'atteindre et de battre le gros des forces turques réunies en arrière de la ligne des places, et la Bulgarie n'aurait pu réaliser la condition essentielle : la rapidité dans l'exécution, que commandaient à la fois ses intérêts politiques et militaires.

Même en dotant, à l'avance, l'armée d'un matériel de siège nombreux et puissant, les Bulgares n'auraient pu venir à bout, en temps utile, d'une barrière de places comprenant, avec Andrinople, Kirk-Kilissé ou Lule-Burgas, et le ralentissement que leurs opérations actives auraient subi de la sorte devait suffire pour rendre douteuse l'issue de la guerre.

Pour être véritablement décisive, la guerre devait ne comprendre qu'une rapide succession de victoires, ne laissant pas à des interventions politiques possibles le temps de s'exercer. Celles-ci avaient, au contraire, toutes les chances de se produire, du moment que la guerre dégénérait en lutte autour de positions fortifiées.

Mais, grâce à une exacte appréciation de la situation de l'adversaire, basée sur une longue série de reconnaissances et sur le groupement de nombreux renseignements, l'État-major bulgare était à même d'échafauder un plan d'opérations tenant compte des contingences et assurant la possibilité d'écraser l'adversaire. Ce plan est l'œuvre des généraux Savow et Fitschew. L'un commande en fait l'armée bulgare, le second est chef de l'État-major général.

Le haut commandement bulgare n'en était pas, en général, à sa première campagne; presque tous ses membres avaient reçu le baptême de feu au cours de la guerre contre la Serbie. Slivnitza avait été pour eux la meilleure des Écoles de Guerre, et l'expérience pratique ainsi acquise permettait de supposer que les généraux bulgares se trouvaient à hauteur de missions plus sérieuses encore.

Le sang versé sur la neige des champs de bataille de Slivnitza, de Zaribrod et de Pirot fit germer une moisson d'enseignements et de capacités, qui devait permettre à la Bulgarie de se passer du concours des instructeurs russes qui lui avait brusquement fait défaut au moment même où il lui aurait été plus utile.

Le généralissime Savow, qui est officiellement l'*ad latus* du Roi, est né le 14 novembre 1857 dans la petite ville d'Askovo, à la frontière turque.

C'est là même qu'il fit ses premières études, il suivit ensuite brillamment les cours de l'École militaire de

Major-Général Sawow

Sophia et, en 1879, il était nommé lieutenant d'artillerie.

Savow appartient à cette génération d'officiers qui, la première, se forma dans les Écoles militaires nationales.

La demi-batterie Savow faisait partie de la milice entretenue par la Roumélié Orientale, qui, aux termes du traité de Berlin, disposait d'un gouvernement spécial.

En 1883, le jeune officier suivait avec distinction les cours de l'École d'État-major de Pétersbourg. Plus tard, il perfectionnait son instruction militaire en assistant aux manœuvres en France, en Autriche-Hongrie et dans d'autres États.

Au moment de la guerre contre la Serbie, Savow était capitaine; à la batataille de Slivnitza il se trouvait à l'aile gauche. Au lendemain de la victoire, il était nommé major.

Lorsque le colonel Mutkurow, ministre de la Guerre, mourut, le prince Ferdinand offrit son emploi à Savow. L'armée bulgare venait d'être abandonnée par ses instructeurs russes, Savow la dota d'une organisation complètement nouvelle.

Il développa considérablement la force offensive de l'armée et accorda toute son attention à l'organisation de l'artillerie, qui fut pourvue d'un matériel du système Krupp. L'infanterie fut armée du fusil Mannlicher du dernier modèle.

Savow demeura en fonctions pendant cinq ans, il démissionna la veille du jour de la chute de Stamboulow.

Pendant trois années, il parcourut ensuite, à titre privé, la péninsule des Balkans, y compris la Turquie, il visita également l'Europe.

Sous le ministère Stoilow, il fut appelé à diriger l'École militaire de Sophia.

Dans cette situation, Savow fit beaucoup pour développer l'instruction professionnelle des futurs officiers. Il s'efforça de leur faire comprendre que leur apostolat militaire devait sans cesse avoir pour but l'affranchissement de la Macédoine.

Le futur généralissime appliquait au tempérament bulgare les procédés d'instruction les plus modernes. Tous les officiers qui ont si héroïquement combattu les Turcs sont ses élèves et admirateurs. Savow demeura huit ans à la tête de l'École militaire dont l'enseignement était, grâce à lui, parvenu à un tel degré de perfection, qu'il pouvait marcher de pair avec celui dispensé dans les lycées et les écoles normales supérieures.

En 1903, Savow devenait ministre de la Guerre dans le cabinet du général Ratscho Petrow. Il resta cinq ans dans ces fonctions qui n'étaient pas nouvelles pour lui, mais cette fois il se surpassa lui-même. Son but était d'arriver à une guerre offensive contre la Turquie, et il se rendait parfaitement compte des difficultés de cette tâche.

Tous les perfectionnements relevés dans les armées étrangères étaient aussitôt introduits dans l'armée bulgare, qui emprunta beaucoup à la tactique de l'armée japonaise.

Le ministre ne lésina jamais lorsque la question financière entrait en jeu, réussissant à obtenir du Parlement les crédits que parfois son collège des Finances se voyait obligé de lui refuser.

Les approvisionnements de tout genre furent très largement complétés.

Mais sa prodigalité en faveur de l'armée devait attirer à Savow l'inimitié d'une partie du Parlement. Lorsqu'il prit la parole, au Sobranié, pour défendre ses idées contre les attaques des démocrates, il se révéla orateur distingué.

Malgré les interruptions dont l'opposition hachait ses explications, sa présence d'esprit et la puissance de ses moyens lui permirent de tenir tête à l'orage et de renseigner les profanes sur la question qui lui tenait au cœur. Savow parla ce soir-là six heures de suite, réussissant à se faire admirer de l'opposition comme il l'était déjà de ses officiers.

Personne ne trouva à redire lorsque le Roi, au moment de la mobilisation, désigna cet officier distingué pour devenir son conseiller technique.

On savait que Savow jouissait de la confiance de l'ensemble du corps d'officiers, et qu'il connaissait la moindre parcelle du terrain où allaient se dérouler les opérations.

Le général Savow possède, à un haut degré, cette qualité essentielle chez un chef: il sait assumer toutes les responsabilités.

Au moment de la mobilisation, il disait : « Je parie ma tête que, d'ici quelques jours, nous aurons battu l'armée turque ». Cette prédiction se réalisa à Kirk-Kilissé, à Lule-Burgas et à Tschorlu, grâce aux efforts du merveilleux général Rako Dimitriew.

Le ministre de la Guerre actuel, le général Nikoforow, est extrêmement bien vu à la cour. Avant d'occuper ce poste, il avait été longtemps ambassadeur à Berlin.

Nikoforow est né à Lovetsch en 1858. Après avoir fait ses études secondaires à Darmstadt, il entra à l'École militaire de Sophia et fut nommé lieutenant en 1879. Il s'est toujours montré excellent administrateur et s'est dirigé plus spécialement vers la diplomatie. Au cours de la guerre, il s'est occupé surtout de l'organisation des services de l'arrière.

Le chef d'État-major général Fitschew est un des plus jeunes officiers généraux. Né en 1860, à Tirnovo, il était nommé lieutenant en 1885, peu de temps avant la guerre contre la Serbie.

Les opérations qui faisaient évacuer Widin par les Serbes attiraient sur le jeune officier l'attention de ses chefs.

Il avait, en effet, parfaitement commandé sa compagnie.

La paix signée, Fitschew fut envoyé à Turin pour suivre les cours de l'Académie de Guerre. Dans cette situation, il conquit l'amitié de tous ses instructeurs, et en particulier de Barone qui est venu le voir à son quartier général. Fitschew a toujours eu beaucoup de goût pour la littérature militaire et il devint vite un écrivain de talent. Revenu en Bulgarie, il était nommé chef du bureau de l'instruction au ministère de la Guerre. C'est dans cette situation qu'il put donner carrière à son penchant pour les lettres, il publia successivement plusieurs études militaires. Celle qui traitait des opérations du détachement du Nord au cours de la campagne de 1885 fut rapidement populaire sous le titre de : *Le Siège de Widin*. Il en fut de même de la *Théorie de la guerre de montagne*. Fitschew exerça diverses fonctions dans l'état-major ou dans la troupe. Commandant le 6ᵉ régiment de Tirnovo, il se montra remarquable éducateur de son corps d'officiers. Plus tard, soit comme commandant de la 1ʳᵉ, puis de la

GÉNÉRAL FITSCHEW

Chef de l'État-major bulgare

11e division de Thrace, il se livra avec ardeur à l'étude de la frontière méridionale de la Bulgarie.

Il parcourut tous les sentiers du Rhodope et mit sa division en état de faire face à toutes les circonstances.

Du commandement de la 11e division, il passa au grand État-major, à la tête duquel il fut placé en 1908, quand la déclaration d'indépendance parut rendre la guerre inévitable.

Dans cette nouvelle situation, il s'efforça de créer un corps d'officiers d'état-major, en même temps qu'il élaborait à nouveau le plan d'opérations contre la Turquie. Il prévoyait, dès cette époque, l'éventualité d'une guerre de sièges, et cherchait, dans une série de manœuvres techniques, à se rendre compte de ce qui serait indispensable pour rendre le siège d'Andrinople moins difficile.

Aucune des grandes questions militaires qui se posaient à l'étranger ne le laissait indifférent, elles étaient immédiatement appliquées en Bulgarie. L'état-major devint une Académie des hautes études militaires. Les officiers eurent à établir des mémoires sur des questions militaires de tout genre. Il arrivait parfois qu'un jeune officier se trouvât embarrassé par l'amplitude du problème qui lui était posé. On voyait alors Fitschew éclairer la situation, et sa parole ardente projetait bientôt la lumière sur ce qui, un moment auparavant, paraissait obscur ou insoluble. Sa haute valeur intellectuelle rayonna sur l'armée entière. Son tempérament calme et son inflexible justice lui conquirent bientôt tous les cœurs, et il posséda en peu de temps la confiance de l'armée entière.

Fitschew possède une santé et une puissance de

travail tout à fait remarquables, au cours des grandes batailles, ses fenêtres restaient éclairées toute la nuit : peut-être travaillait-il avec autant d'ardeur, parce qu'il savait avoir en face de lui son collègue et rival à l'Académie de Turin, le ministre de la Marine Mukhtar Pacha.

Mukhtar avait un plan symétriquement opposé au sien, et le sort de ses conceptions fut de même diamétralement opposé.

Mais en tout état de cause, c'est, comme je l'ai déjà dit, au chef de la IIIe armée, au meilleur général bulgare, à Radko Dimitriew, qu'il convient d'attribuer la victoire de Kirk-Kilissé.

Le général Ratschow Petrow est un des hommes les plus capables de l'armée bulgare. Il est connu, même à l'étranger, comme un stratège de premier ordre, et de plus, comme un homme d'État de grande énergie. Il est un des premiers officiers formés à Philippopoli par les instructeurs russes. Petrow est relativement jeune encore, il n'a que cinquante ans. Il est né à Schumla. Sorti de l'Académie d'état-major de Saint-Pétersbourg, il devait jouer un rôle important, car ses aptitudes ne sont pas exclusivement limitées aux questions militaires. Il parle plusieurs langues européennes et sa tournure d'esprit est tout à fait occidentale. Sa physionomie est très énergique, et son regard trahit sa vive intelligence. C'est en raison de ses brillantes qualités qu'on lui confia, dès sa jeunesse, des missions comportant une grande responsabilité. Durant la guerre serbe, il remplissait, comme jeune capitaine, les fonctions de chef du grand État-major. Il fut le premier chef d'État-major général de la Bulgarie, et dans cette situation ses conseils furent hautement appréciés par le prince Alexandre.

C'est à lui que la Bulgarie doit le succès de Slivnitza.

Le prince Alexandre, reconnaissant ses mérites, le
décora du plus élevé de ses ordres. Petrow est un des
officiers qui servirent le Prince jusqu'au dernier moment, et dont la fidélité ne se démentit pas. De concert
avec Stamboulow, il réprima les mouvements révolutionnaires qui, à l'instigation de la Russie, secouaient
la jeune armée bulgare. Ministre de la Guerre dans le
cabinet Stoilow, il donna sa démission pour ne pas
devoir sanctionner la politique russophile suivie pour
se ménager le bon vouloir du grand voisin de l'Est.

En 1900, Petrow prenait la direction du Gouvernement, et plus tard, à la chute du Cabinet Danew, il
recevait la mission de constituer un ministère stambouloviste.

Aidé du ministre de la Guerre Savow, il préparait
la guerre offensive contre la Turquie qui devait s'engager en 1906, mais que les conseils des grandes
puissances empêchèrent d'éclater.

Le général Petrow commande actuellement l'armée
« de réserve ». Il a été envoyé par le roi Ferdinand
sur Salonique, et les deux princes royaux lui ont été
confiés.

Le théâtre d'opérations sur lequel les armées bulgares allaient avoir à opérer se divise, tant au point de
vue politique qu'au point de vue militaire, en deux
secteurs, celui de l'Est ou de Thrace, celui de l'Ouest
ou de Macédoine.

Le centre des opérations se trouvait être de prime
abord à l'est, car c'est sur la ligne joignant les capitales des belligérants et sur l'itinéraire conduisant le
plus directement à Constantinople que devaient être

portés les coups décisifs destinés à mettre rapidement fin à la guerre.

C'est le long de la grande artère classique qui, de Constantinople, mène en Europe par Andrinople et Sophia, que ce sont toujours déroulés les événements principaux dont la péninsule des Balkans a été le théâtre. C'est également par cette route millénaire que les Turcs s'élancèrent à la conquête de l'Europe.

A l'heure actuelle, leur mouvement de retraite vers l'Asie s'effectue également le long de la même direction.

Les Bulgares, dans leur offensive, étaient obligés de marcher sur les traces laissées par les armées russes au cours des guerres des siècles passés, lorsqu'elles avaient pour objectif Andrinople d'abord, puis Constantinople.

Passant immédiatement à l'offensive, les armées bulgares entamaient la lutte sur le territoire ottoman, et les premières opérations allaient se dérouler dans le bassin d'Andrinople ou dans les vallées encaissées de la Maritza, de la Tundja et de l'Ergène qui descendent de l'Istrandza-Dagh.

Conscients du danger que présentait pour eux la trouée de la vallée de la Maritza, les Turcs l'avaient barrée par le camp retranché d'Andrinople formant une double tête de pont.

Andrinople, éloignée seulement d'une étape de la frontière bulgare, constitue le premier boulevard de la Turquie, la place ne peut être enlevée qu'à la suite d'un siège régulier ou d'un investissement de longue durée.

Mais une pareille éventualité n'entrait pas dans les vues du haut commandement bulgare. On peut dire

Passage de la frontière

Transport des trains régimentaires de la 1ʳᵉ armée vers Yamboli

qu'il avait placé tout son espoir sur une seule carte : remporter dès le début de la guerre des succès décisifs. C'est pour les assurer, que, depuis vingt-cinq ans, l'armée et la nation tout entière tendaient tous leurs ressorts et mettaient en œuvre toutes leurs forces vives. Mais un pays, quelles que soient sa puissance et son organisation, ne saurait rester indéfiniment dans un semblable état de crise, elle doit se dénouer, et la solution rapide ne peut être obtenue que par une offensive sans limites.

Une politique militaire qui jette en une fois toutes les forces de la nation dans la balance doit conduire la guerre d'après les principes de combat de la Phalange, et chercher à assommer l'adversaire d'un seul coup décisif.

Mais si cette politique se laisse fixer devant des places qu'il lui faut assiéger ou investir, si elle donne à l'adversaire le répit nécessaire qui lui permettra d'attendre le choc ultérieur sur des positions préparées, elle se prive bénévolement de ses meilleurs atouts.

La nécessité de vaincre, dès le début, et d'empêcher, par une poursuite énergique, l'adversaire de faire tête et de se ressaisir derrière une ligne fortifiée, compliquait singulièrement la tâche de l'armée bulgare.

Ce n'est pas que le succès pût être considéré comme douteux ; mais il importait d'en fixer à l'avance l'étendue.

Depuis toujours, la Turquie a réussi à sortir de situations presque désespérées, soit en résistant opiniâtrement sur des positions de repli, soit en faisant appel à l'inépuisable réservoir de ses ressources asiatiques, soit, enfin, en faisant intervenir les négociations diplomatiques.

Dans ces conditions, l'écart entre les exigences du vainqueur et les résultats définitivement acquis s'est souvent montré considérable.

La victoire, en elle-même, importait peu à la Bulgarie ; ce qu'elle voulait, c'était de vaincre vite et complètement, pour terminer la guerre par une bataille qui jetterait à ses pieds une Turquie pantelante et réduite à merci.

Un semblable résultat ne pouvait être obtenu qu'en contournant Andrinople et en se portant, à l'est de la place, à la rencontre de la principale armée de campagne ennemie.

Heureusement pour les Bulgares, il leur était possible d'effectuer une semblable opération en partant du front compris entre la Tundja et la mer. Ils disposaient là, au sortir de la Roumélie orientale, d'un espace d'environ 100 kilomètres de largeur, par lequel ils pouvaient s'avancer vers la ligne de jonction d'Andrinople à Constantinople, battre les forces ennemies concentrées sur cette ligne, puis marcher finalement sur la capitale. Des forces secondaires assureraient, entre temps, l'investissement d'Andrinople.

Si le plan d'opérations dans l'Est a été déterminé par des considérations militaires, c'est incontestablement la politique qui a fixé les grandes lignes d'après lesquelles les forces de l'Ouest allaient avoir à agir.

A ne tenir compte que de raisons militaires, et pour se conformer au principe de l'économie des forces, il semble qu'il aurait été judicieux de ne consacrer au théâtre d'opérations de Macédoine qu'un minimum de forces, destiné à demeurer sur la défensive, tandis que les troupes ainsi épargnées pourraient venir renforcer l'effort principal qui s'effectuait en Thrace.

Mais il ne faut pas oublier que la guerre avait été entreprise pour arracher des concitoyens à la domination turque et qu'en cas de succès il s'agissait d'annexer les territoires occupés par la race bulgare.

Rien ne permettait mieux de préparer cette annexion qu'une occupation militaire effective, rendue d'autant plus nécessaire que les États alliés, la Serbie et la Grèce, beaucoup mieux placés pour agir énergiquement dans ces régions, ne manqueraient pas de mettre la main sur les régions convoitées par eux.

Dans ces conditions, la Bulgarie était obligée d'agir offensivement en Macédoine, comme elle allait le faire en Thrace, et, si le succès a, de toutes parts, couronné cet emploi des armées qui ressemble singulièrement à un émiettement des forces, il faut en rendre grâce à l'effort vraiment colossal que la Bulgarie a fourni matériellement et moralement. C'est à lui seul qu'elle a dû sa supériorité sur l'armée turque.

Les conditions générales qui précèdent étant admises, le haut commandement bulgare disposait de plusieurs moyens pour frapper, dès l'origine, un coup décisif en Thrace.

On pouvait, par exemple, chercher à enlever Andrinople de vive force ou par surprise. Cette éventualité paraît avoir été envisagée assez sérieusement ; la crainte seule des conséquences qu'entraînerait un échec l'a fait abandonner.

Un tel coup de main, il faut bien en convenir, ne pouvait être que le résultat d'une politique dénuée de scrupules. Il ne pouvait être tenté qu'avant l'ouverture des hostilités dont il aurait alors donné le signal.

L'Histoire ne manque pas de semblables attentats contre le droit des gens.

En 1687, par exemple, les Français s'emparèrent, dans des conditions analogues, de Strasbourg. Cette opération, poursuivie en pleine paix, devint l'origine de l'occupation, presque bi-centenaire, de la rive gauche du Rhin.

En raison de la petite distance qui sépare Andrinople de la frontière, il aurait été possible de concentrer les troupes et le matériel nécessaires à proximité de la place sous le prétexte de manœuvres, puis de surprendre les forts du front nord-ouest et nord-est, Cataldja et Arnaukoj. Le succès faisait tomber Andrinople aux mains des Bulgares.

Une semblable opération aurait dû, évidemment, être préparée dans tous ses détails longtemps à l'avance, en profitant de l'incurable négligence des Turcs ; il aurait fallu, sous un prétexte quelconque, introduire dans la ville, et dans les villages voisins des forts, des officiers et des soldats qui, le moment voulu, n'auraient pas été inutiles. Au point de vue militaire, une pareille opération n'était pas impossible et, malgré la force numérique de la garnison, l'élan que les Bulgares ont montré à Kirk-Kilissé leur aurait peut-être permis d'enlever la place en pleine paix. La ville une fois aux mains des Bulgares, le sort des Turcs était réglé.

Mais on peut se demander si la situation politique de la Bulgarie lui permettait de se livrer à un pareil attentat contre le droit des gens. Des entreprises aussi risquées sont, en général, réservées aux puissants de la politique, appuyés par toute la force matérielle et morale de l'État qu'ils dirigent ; or, en 1912, la Bulgarie n'en était pas encore là.

Bien plus, son intérêt évident était d'agir avec la plus grande correction pour s'assurer les sympathies de l'Europe et pour ne donner, en aucune manière, prétexte à une intervention prématurée.

Du moment que l'on hésitait, à Sophia, à entamer la guerre par une attaque brusquée dirigée contre Andrinople dans des conditions analogues à l'attaque de la flotte russe par les torpilleurs japonais, la question se posait de savoir s'il convenait d'attaquer la place une fois la mobilisation ordonnée.

La mise en œuvre du gros des forces, dans une telle opération, risquait d'être coûteuse et le résultat était rien moins que certain.

La meilleure place du monde peut être enlevée par trahison ou par surprise ; la plus mauvaise, dont la garnison est prévenue, sera toujours difficile à prendre. Et, en ce qui concerne spécialement Andrinople, on savait qu'au cours des dernières années Abdullah Pacha avait fait faire des travaux considérables qui transformaient la place en un formidable camp retranché.

Pour toutes ces raisons, il ne paraissait donc pas pratique de rechercher la décision sous les murs d'Andrinople.

Deux solutions se présentaient alors : ou bien chercher à franchir la basse Maritza au sud d'Andrinople et porter l'effort décisif dans la direction Lule-Burgas— Tschorlu, en tournant la région fortifiée Andrinople— Kirk-Kilissé, ou bien entamer directement l'offensive par le nord.

Le mouvement par la basse Maritza présentait des difficultés stratégiques et tactiques considérables ; la concentration de l'armée ne pouvait s'effectuer que dans le bassin de Philippopoli, la marche en avant se heurtait immédiatement aux montagnes qui le dominent au sud, et dans lesquelles les communications sont précaires.

Il fallait en outre tenir compte de la résistance des divisions ennemies de Dedeagatsch et de Dimotika-Kirdzali ; enfin, le passage de la Maritza devait être d'autant plus difficile qu'on ne pouvait plus compter sur un effet de surprise.

Dans ces conditions, ce plan ne pouvait être retenu et on se décida à attaquer le front Andrinople—Kirk-Kilissé.

La répartition des forces pour l'attaque découla tout naturellement du dispositif adopté pour la concentration, et une mise en mouvement simultanée de tous les éléments, qui n'avaient qu'à marcher droit devant eux, permit d'aborder l'ennemi sur tous les points nécessaires.

CHAPITRE X

LA BATAILLE DE KIRK-KILISSÉ

—

La discussion qui précède avait permis de déterminer la zone de concentration des forces bulgares et de grouper, devant les divers objectifs, les forces nécessaires.

L'armée de l'Est, formée de la majeure partie des troupes des 1re, 2e et 3e inspections d'armée, se concentra sur la frontière sud-est dans les conditions suivantes :

La 2e armée, sous le général Iwanow (8e et 3e divisions), à l'ouest et au nord-ouest d'Andrinople, 2e division en deux masses, à Haskovo et vis-à-vis de Tamras.

La 3e armée, sous le général Dimitriew (4e, 5e et 9e divisions), à l'est de la Tundja, face au sud.

Entre ces deux armées, qui avaient opéré leur concentration par une série de très fortes marches, on intercala la 1re armée sous le général Kutintschew (1re et 6e divisions) amenée par la voie ferrée Philippopoli—Jamboli.

A l'ouest, dans le secteur Kustendil — Dubnica, se trouvait la 7e division qui, comme la 2e, avait été fortement renforcée de groupes francs-macédoniens.

Je rappelle de nouveau que chaque division, avec sa

brigade de réserve, peut être, en raison de son effectif, assimilée à un corps d'armée. La proportion d'artillerie seule diffère.

Le haut commandement bulgare était renseigné sur l'importance de Kirk-Kilissé et sur la faiblesse des défenses de la place. Il se décida à porter la 3ᵉ armée, réunie à l'aile gauche, droit sur la place avec mission de fournir l'attaque principale. En même temps, l'armée Kutintschew attaquerait les forces situées à l'ouest de la place, tandis que l'armée Iwanow marcherait contre les front nord et ouest d'Andrinople.

La 2ᵉ division devait occuper la région de Tamras et de Kirdzali, en chasser les forces turques, puis se rabattre vers l'est pour atteindre le front sud d'Andrinople par la vallée de l'Arda.

La bataille de Kirk-Kilissé

Le 17 octobre le roi Ferdinand donna, de Stara Gora, le signal de l'offensive. Le mouvement en avant, qui était général à l'aube du 18, avait été entamé, dans l'après-midi du 17, par les forces de l'extrême aile droite.

Kurtakoj était enlevé presque sans coup férir, tandis qu'une série de violents combats s'engageait, autour de Mustapha-Pacha, entre les forces de la 8ᵉ division et les éléments avancés turcs.

La 3ᵉ armée, sous Dimitriew, s'avançait en quatre colonnes sur Kirk-Kilissé. Ces colonnes étaient ainsi réparties de l'ouest à l'est.

La 1ʳᵉ, par Odzakoj sur Petra, la 2ᵉ par Érikler et Kovcas-Aaklica, la 3ᵉ, par Dereköj-Demirdza, la 4ᵉ enfin par Tirnovo.

GÉNÉRAL KUTINTSCHEW

Commandant la 1ʳᵉ armée

La 1re armée marchait à l'ouest de la 3e sur cinq colonnes.

On admettait, du côté bulgare, que les Turcs occuperaient, autour de Kirk-Kilissé et à l'ouest de la place, des positions fortifiées. Contre toute attente, on se heurta à l'offensive ottomane avant d'avoir atteint la ligne Andrinople—Kirk-Kilissé. Les comptes rendus turcs prétendent que cette offensive constituait une forte reconnaissance destinée à forcer l'ennemi à se déployer, à montrer ses forces et à ralentir, par le fait, sa marche. Les éléments envoyés ainsi en avant ne devaient pas se laisser accrocher.

Cet emploi des reconnaissances, jadis en honneur dans l'enseignement tactique des armées européennes, présente l'inconvénient d'exposer les troupes qui les exécutent à s'engager malgré elles dans des actions décisives qui, au lieu de renseignements, ne leur rapportent qu'une défaite prématurée. Il semble que la bataille de Kirk-Kilissé ait été une nouvelle preuve de l'exactitude de ce reproche.

Une autre version prétend que le combat ne s'engagea pas à la suite d'ordres formels, mais qu'il fut la conséquence d'une initiative intempestive des généraux turcs Mahmud Mukhtar et le prince Aziz qui, voyant déboucher les Bulgares, portèrent eux-mêmes leurs troupes en avant.

De fait, le 22 octobre, l'armée turque, composée des 1er, 3e et 16e corps, déboucha la ligne Andrinople — Kirk-Kilissé sur un front d'environ 40 kilomètres pour marcher vers le nord. Le mouvement fut couvert par deux divisions de nizams qui, d'Andrinople, marchèrent vers l'est.

Les fractions du 3e corps (Mahmud Muktar Pacha,

7ᵉ, 8ᵉ, 9ᵉ divisions), qui s'avançaient sur Érikler et Eskipolos, tombèrent sur le centre de la troisième armée bulgare, tandis que le 16ᵉ corps, marchant à l'ouest du 3ᵉ, se heurtait à l'aile droite de cette armée et aux colonnes de gauche de l'armée Kutintschew. Le 1ᵉʳ corps turc, qui marchait sur Hasköj, débouchait devant le centre de cette même armée.

A l'aube du 23, le contact était pris sur toute la ligne. L'attaque principale des Bulgares s'effectua dans la direction de Petra—Kirk-Kilissé. Les Turcs offrirent une résistance énergique, et les pertes occasionnées par les luttes sous bois qui dégénérèrent en corps-à-corps, furent considérables de part et d'autre. Dans le courant de l'après-midi, la panique se mit dans une division de redifs du 16ᵉ corps; il en fut de même dans la 2ᵉ division de nizams du 1ᵉʳ corps. Le désordre gagna ensuite des fractions des 8ᵉ et 9ᵉ divisions. Les troupes turques abandonnèrent le champ de bataille dans une fuite éperdue et réussirent à se soustraire à l'effet des armes bulgares. Une poursuite vivement menée amena, dans la soirée, les vainqueurs en face des positions fortifiées au nord et au nord-ouest de Kirk-Kilissé.

Kirk-Kilissé se trouve dans un fond et est dominé par les deux ouvrages établis à l'est et à l'ouest à très petite distance de la ville. Les hauteurs qui entourent la ville sont couvertes de vignes. La position en elle-même est médiocre.

La chute de Kirk-Kilissé fut préparée par une attaque de nuit que les Bulgares, malgré un orage formidable, exécutèrent avec un élan merveilleux. Elle leur assurait la possession de la ligne Demirdza-Demirkapu, de part et d'autre du Sejtandere.

La lutte autour de ces positions, fortement occupées par les Turcs, fut extrêmement sanglante, et elles ne furent enlevées qu'à la suite d'un combat corps à corps qui dura plusieurs heures. Au cours même de la nuit, le gros des forces turques entama le mouvement de retraite ; il ne restait, pour assurer la défense, que la moitié de la 8ᵉ division.

Les Bulgares couronnèrent immédiatement, avec de l'artillerie, les hauteurs conquises et, à l'aube du 24 octobre, le bombardement de la ville commença. Kirk-Kilissé ne tardait pas à être en flammes.

En même temps, l'infanterie entamait contre Kirk-Kilissé une offensive générale sur tout le front, de Demirdscha sur la route Mali—Tirnovo—Kirk-Kilissé par Karakotsch à Raklika, à l'est de Petra. Plus à l'est encore, une colonne s'étendait vers les hauteurs de Jundala, entre Kirk-Kilissé et Ueskub, pour couper aux Turcs la retraite vers l'est.

Les vignobles, au nord et au nord-ouest de Kirk-Kilissé, furent alors le théâtre de furieux corps-à-corps, au cours desquels une brigade turque se lança à la contre-attaque contre la gauche des Bulgares. Violemment prise à partie par l'artillerie et les mitrailleuses, elle fut presque entièrement détruite. Malgré l'appui que les Turcs pouvaient trouver dans les deux ouvrages permanents et dans les nombreux ouvrages de campagne établis autour de la ville, ils n'osèrent résister davantage au furieux élan des assaillants.

A 10 heures du matin, les premières fractions bulgares, traversant les vignes, atteignaient la ville où un terrible combat de rues s'engageait.

Au bout d'une heure, la décision intervenait et les Bulgares étaient maîtres de la ville. Malgré l'extrême fatigue des troupes, on entama immédiatement la poursuite. Les Turcs battaient en retraite dans un désordre complet vers le sud-est, vers Bunar-Hissar.

La dernière phase de la lutte se déroula à hauteur du four à chaux, au sud-est de Kirk-Kilissé. C'est là, sur les hauteurs Est de Bujukdere, que l'arrière-garde turque, sous le colonel Hilmi, avait organisé une position d'arrêt. Comme la colonne envoyée sur Jundala, utilisant des chemins défoncés, se trouvait en retard, les Bulgares, qui suivaient les Turcs de près, tentèrent d'enlever la position de front. Elle finit par tomber entre leurs mains, mais au prix de lourdes pertes. Un petit nombre de Turcs réussirent à s'échapper, ceux qui n'avaient pas été tués furent pris.

Les Bulgares prirent à Kirk-Kilissé 7 batteries à tir rapide avec leurs caissons, des munitions en abondance, 18 pièces de campagne de modèle ancien et 12 pièces de siège. Plus tard, ils mirent la main sur plusieurs dépôts de vivres, un riche matériel d'équipement, des tentes et deux aéroplanes, de fait inutilisables, car, n'étant pas abrités, ils avaient souffert des intempéries.

On prit encore tous les bagages personnels de Mahmud Muktar Pacha, y compris le sabre d'honneur que le Sultan lui avait donné. Les prisonniers étaient au nombre de 1.500 environ.

On peut évaluer les forces turques qui figurèrent dans la bataille à environ 70.000 hommes, mais une grande partie de cet effectif n'intervint pas. Ce furent la 7ᵉ division et une partie de la 8ᵉ qui, sous Mahmud Muktar Pacha, assumèrent le rôle principal dans la journée.

On ne tarda pas à expliquer de diverses façons la

défaite des Turcs. Elle a été attribuée à la supériorité numérique des assaillants, à l'offensive intempestive du 22, à l'état moral des troupes qui manquaient de vivres et de munitions et que leurs officiers auraient abandonnées. On a prétendu encore que le moral des soldats turcs était affaibli avant même l'ouverture des hostilités, et qu'ils ne croyaient pas à la victoire.

Lorsque les Bulgares commencèrent leur attaque de nuit, un orage formidable éclata, le tonnerre mêlait ses roulements à la voix des canons. La foudre tomba à plusieurs reprises sur le bois d'Amikapu. Des prisonniers me dire combien cet orage, extraordinaire en cette saison, avait ajouté à leur démoralisation.

Les musulmans superstitieux virent dans le phénomène un signe de la colère divine, et un Hodja s'écria : « Allah nous punit, nous avons péché contre le Coran. » Le mot se propagea, comme une traînée de poudre, parmi les troupes et ébranla leur courage.

Mais quel doit être le niveau moral d'une troupe qu'un orage suffit à désorganiser !

J'ai déjà relaté les paniques qui s'emparèrent des troupes en pleine lutte et qui les firent reculer dans une fuite désordonnée. On dit que les redifs ont, à plusieurs reprises, manifesté une semblable démoralisation qui jetait le désordre dans le reste des combattants.

Mais il n'est pas douteux que le moment choisi pour entamer les hostilités n'a pas été sans exercer une grande influence sur leur issue. Environ une semaine après la bataille de Kirk-Kilissé, je me trouvais au cantonnement avec trois officiers turcs prisonniers, dont l'un, un capitaine, parlait allemand. Il me dit : « Nous n'étions pas prêts, et nous étions convaincus que l'effort principal des Bulgares s'effectuerait devant Andrinople, où l'armée s'épuiserait. Pendant ce temps, nous aurions terminé notre concentration. L'offensive sur Kirk-Kilissé fut une surprise. Nos hommes se battirent courageusement, mais le commandement était mal assuré. Beaucoup d'officiers avaient été nommés immédiatement avant la guerre et ne savaient pas ce qu'ils pouvaient exiger de leurs hommes. Plusieurs divisions de redifs manquaient d'instruction et furent employées comme l'auraient été de vieilles troupes. Tandis qu'un chef voulait attaquer, l'autre parlait de défensive, et, dans ces conditions, alors qu'une partie de l'armée se portait en avant, le reste ne bougeait pas ; le désordre survenait. Les Bulgares sont irrésistibles dans les attaques à la baïonnette, lorsque cent tombent sous les rafales du feu rapide, deux cents autres poussent au delà des cadavres et arrivent. »

Je ne puis que confirmer ces assertions par mon expérience personnelle. J'ai suivi, devant Andrinople, l'assaut donné par deux bataillons sur Avan-Ajvali et Milleti : les Bulgares formaient d'épais paquets dans lesquels les shrapnels turcs faisaient de larges trouées. Mais, malgré tout, les assaillants ne s'arrêtaient pas, les vides étaient aussitôt comblés et la marche en avant était ininterrompue. Une telle conduite, dans un terrain découvert, sous le feu terrifiant d'un adversaire abrité, n'était plus du courage, c'est la manifestation d'un fanatisme désespéré.

Ce n'est pas sans battements de cœur que je me reporte à ce spectacle à la fois terrible et grandiose.

Importance de la journée de Kirk-Kilissé

L'affaire de Kirk-Kilissé n'a pas été une grande bataille, elle a cependant une importance considérable.

Avant tout, elle a celle qu'ont toujours les premiers engagements d'une campagne. Ceux-ci, d'après d'anciennes manières de voir, présagent toujours le sens dans lequel se déroulera la guerre.

Ce n'est pas toujours le résultat matériel acquis à la suite de ces premières rencontres qui détermine l'orientation ultérieure de la guerre, leur importance résulte de ce qu'elles constituent la pierre de touche de la force combative des belligérants, et qu'elles donnent des indications sur leur valeur militaire.

Jusqu'à la première rencontre, toutes les estimations ou comparaisons auxquelles on se livre ne reposent sur aucune base sérieuse et n'ont, par suite, aucune valeur. On a vu, par la guerre russo-japonaise, à quelles erreurs d'appréciation les hommes, même compétents, peuvent arriver.

Il en a été de même dans la guerre des Balkans.

L'Europe se faisait une haute idée de la valeur de l'armée turque, il ne fallut pas longtemps pour que cette opinion se vît remplacer par une autre, diamétralement opposée. Inversement, quelle que fût l'opinion que l'on avait de l'armée bulgare, on n'aurait jamais supposé qu'elle fût capable de remporter une victoire décisive sur l'armée turque.

Il ne manquait pas de personnalités compétentes qui envisageaient l'éventualité d'une offensive musulmane en Bulgarie.

Ce n'est qu'après Kirk-Kilissé que l'opinion publique

se trouva exactement orientée, le résultat final ne faisait plus de doute pour personne, on ne discutait plus que sur l'étendue du succès définitif.

La manière dont la lutte s'est déroulée a justifié une fois de plus la loi de « la continuité du succès à la guerre » et a montré que l'issue des premiers engagements influe sur le cours ultérieur des opérations.

Dès avant Kirk-Kilissé, une série d'engagements avaient eu lieu, dont aucun n'avait été favorable aux Turcs, mais ils n'eurent pas une importance analogue à la bataille de Kirk-Kilissé qui, à ce point de vue, fut décisive.

Tant qu'une action décisive ne s'était pas produite en Thrace, les événements qui se déroulaient sur les autres théâtres d'opérations devaient être considérés comme secondaires; ils l'étaient en effet. Les victoires des Monténégrins, des Grecs ou des Serbes étaient les « zéros » qui ne prennent de valeur propre que lorsqu'ils se voient précédés par des « unités ». Kirk-Kilissé ouvre la série des batailles dont le rôle détermina le caractère de la guerre. Grâce à elle, les succès partiels remportés ailleurs prirent corps et entraînèrent la victoire commune des États balkaniques en même temps que la ruine complète de l'Empire ottoman.

Cette victoire récompensait la Bulgarie de son gigantesque effort de préparation à la lutte contre l'ennemi héréditaire, et permettait de constater la supériorité de ses moyens militaires sur ceux de la Turquie.

La Bulgarie a pris l'offensive, presque simultanément sur toutes ses frontières, sur un front de plus de 500 kilomètres, et cette offensive n'a pas été dirigée concentriquement contre un objectif unique, obéissant au principe « se séparer pour marcher, et se réunir

GÉNÉRAL RATKO DIMITRIEFF

Commandant la 3e armée

pour combattre ». Cette offensive tendait, par des directions divergentes, vers des objectifs essentiellement distincts.

Cette manière de procéder a pu donner l'impression d'une dangereuse dispersion des efforts : la marche contre Andrinople et Kirk-Kilissé, sur un front de 90 kilomètres, exposait les diverses colonnes, sans liaison entre elles, à être battues isolément par les forces turques. Les succès remportés par les Bulgares en Macédoine, dans la région de Tamrasch, à Kirdzali et dans la vallée de la Maritza, pouvaient faire craindre qu'ils seraient trop faibles au point décisif, ayant disséminé trop de forces en face d'objectifs secondaires.

Kirk-Kilissé vint donner la preuve que non seulement l'armée bulgare disposait, au point décisif, de forces suffisantes, mais qu'elle s'entendait à les employer d'une façon tout à fait imprévue.

C'est justement en évitant de concentrer ses forces sur un espace étroit, en remportant la victoire avec des armées dispersées sur un vaste territoire, que la Bulgarie a prouvé sa supériorité sur la Turquie ; le monde sait aujourd'hui que chaque soldat bulgare, pris isolément, est supérieur à n'importe quel soldat ottoman, et que les institutions turques ne peuvent prévaloir contres celles de la Bulgarie.

La journée de Kirk-Kilissé consacre le jour où l'hégémonie balkanique est passée de la Turquie à la Bulgarie.

Elle a aussi répandu dans le monde le nom d'un homme, populaire déjà depuis de longues années dans son pays, celui du général Radko Dimitriew, le chef de la troisième armée bulgare.

La troupe le nomme Napoleontscheto. Ce surnom ne

repose pas seulement sur une ressemblance physique avec le grand homme, mais encore sur le fait que le général est le vainqueur de Kirk-Kilissé, de Lule-Burgas et de Tschorlu.

Savow et Titschew peuvent se féliciter d'avoir donné un tel chef à la troisième armée, et celle-ci a le droit d'être fière de la mission qui lui incombait et qui lui a permis de se distinguer entre toutes les autres.

Radko Dimitriew est né, en 1859, dans la petite ville de Gradez.

Sorti dans un très bon rang de l'École militaire de Sophia, il se montra, sous un jour analogue, comme élève de l'Académie d'état-major de Saint-Pétersbourg. Lorsque l'annexion de la Roumélie orientale eut été proclamée par le prince Alexandre, à Philippopoli, Dimitriew fut envoyé, avec la majeure partie de l'armée, à la frontière turque, car la guerre semblait inévitable. Mais elle devait éclater ailleurs; l'invasion serbe se produisit. On connaît les difficultés qui vinrent, à ce moment, troubler la riposte bulgare, provenant du manque de voies ferrées permettant de transporter l'armée du sud au nord-ouest. Dimitriew était, à ce moment, capitaine. Accourant à marches forcées, il prenait part à la bataille de Slivnitza, où il faisait partie de la fameuse aile gauche.

Le renversement déplorable d'Alexandre, organisé par les Panslavistes, aidés des officiers instruits à Saint-Pétersbourg et qui ne cachaient pas leurs sympathies pour les libérateurs, vint, malgré la douceur de son caractère et son intelligence, jeter Radko Dimitriew dans la politique. Il quitta l'armée et émigra en Russie, où il prit du service. Son avancement y fut rapide; mais il regrettait toujours sa patrie et déplorait que la politique l'en eût chassé. Après dix ans d'exil, sous le cabinet Stoliow, qui assura la réconciliation avec la Russie, il lui fut permis de rallier le sol natal. Ses relations et son zèle militaire lui assurèrent une carrière rapide à laquelle il avait droit. En 1902, il était nommé chef d'État-major général. Dans ces fonctions, il montra encore son extraordinaire souplesse d'esprit. Le premier, il établit un plan complet d'offensive contre les Turcs. Les circonstances du moment et les moyens que le Sobranié consentait à mettre à la disposition de l'armée obligeaient le grand État-major à limiter son effort à l'indispensable.

Lorsque les Stamboulovistes revinrent au pouvoir, comme ils s'étaient opposés au retour des émigrés, Dimitriew ne pouvait conserver ses fonctions. Il fut nommé inspecteur de la 3ᵉ armée.

Dans ces fonctions, Dimitriew prépara, avec une adresse remarquable, tout ce qui devait être utile dans la guerre prochaine.

Des manœuvres continuelles, de nombreux travaux d'État-major rendirent le général sympathique et populaire. Sa présence fréquente à la tête des troupes déchaînait l'enthousiasme.

Au cours des dernières manœuvres d'automne, qui furent beaucoup plus dures que celles des années précédentes, Dimitriew, partant de Tirnovo, devait attaquer la place de Schumla. Cette mission dissimulait la réalité : dans Schumla il faut voir Kirk-Kilissé.

Dimitriew, sur lequel toute la nation et, avec elle, le Roi avaient les yeux fixés, enleva la place deux jours avant la date qui lui avait été indiquée, et cela malgré les intempéries que, dans les Balkans, l'automne amène avec lui. Sa manœuvre géniale et artistique présageait ce qu'il ferait, deux semaines plus tard, devant Kirk-Kilissé.

Ce succès de Dimitriew marqua la fin des opérations dont le but était désormais atteint.

On s'est souvent demandé, à l'étranger, la raison de cette brusque interruption des opérations, que ne justifiait pas la situation politique, malgré les manifestations belliqueuses de la population. On ne pouvait savoir que Dimitriew avait enlevé Schumla beaucoup plus vite qu'on ne s'y serait attendu.

Le vainqueur de Schumla se surpassa devant Kirk-Kilissé. Ce n'était plus Kutintschew, mais Mukthar Pacha qu'il avait devant lui, cette fois-ci ; Kutintschew marchait à ses côtés, en tête de la 1re armée.

Ce dernier, lui aussi, passe pour un général très capable, que les soldats aiment beaucoup. Il sort des rangs et est né à Rustchuk en 1857. Lieutenant de 1879, il commandait un bataillon à Slivnitza, où il se distingua. Comme commandant d'armée, il couvrait le flanc de Dimitriew et remplit convenablement sa mission.

CHAPITRE XI

LA Iʳᵉ DIVISION BULGARE A LA BATAILLE DE KIRK-KILISSÉ

Presque immédiatement après la bataille de Kirk-Ki-lissé, des rumeurs se répandirent, disant que la 1ʳᵉ division, celle de Sophia, avait été mal engagée dans la bataille, et qu'à la suite d'un échec, elle avait subi des pertes sanglantes. Le général Toschew qui la commandait se serait même suicidé.

Pour l'honneur du général qui sort des rangs et est considéré comme un des meilleurs généraux bulgares, un officier de la division qu'il commandait, le lieutenant Waklin, a rédigé le récit que je reproduis ci-après :

« Il est regrettable que certaines personnes, malgré les succès remportés par la 1ʳᵉ division de Sophia depuis la déclaration de guerre, cherchent, par des propos inconsidérés, à flétrir les lauriers que cette belle troupe a récoltés.

« Il y a tout lieu de penser qu'il faut chercher l'origine de ces insinuations dans l'état élevé des pertes subies, le 23 octobre, à Edzeci Geckinli, par la 1ʳᵉ brigade et surtout par le régiment Prince-Alexandre.

« J'estime qu'il appartient, dans l'intérêt de la vérité, à un témoin oculaire, de donner un bref exposé des faits, lequel, je l'espère, suffira pour arrêter la calomnie qui alla jusqu'à parler du suicide du général Toschew, le commandant de la 1re division.

« Une semblable assertion est complètement inexacte et ne mérite pas qu'on s'y arrête.

« Voici comment le combat se déroula :

« La 1re division devait, le 23 au matin, se porter en deux colonnes de Kirk-Kilissé vers le sud. La 1re brigade suivait le chemin de Tscheschme-Kioi à Tartarlar et Jadzalij ; la 2e, celui de Tartarlar à Domurdzalij. En raison des difficultés du terrain, la 1re brigade ne reprit contact avec son artillerie qui avait fait un détour, qu'en arrivant à Tartarlar, d'où la colonne poursuit sa marche vers le village de Jadzalij.

« L'ordre de l'armée assignait à notre division les emplacements suivants : 1re brigade, village de Jadzalij, 2e, à Domurdzalij, état-major de la division Saro-Talischman.

« Vers 2 heures de l'après-midi, nous étions arrivés en ce dernier point et j'avais commencé à faire poser les téléphones. Vers 2h30, on entendit dans la direction du sud le bruit du canon.

« L'état-major remonta à cheval pour chercher à se rendre compte de la nature de ce combat qui n'était pas prévu.

« La division ne comprenait pas de cavalerie, de sorte que le service de découverte incombait à l'infanterie, dont les détachements découvrirent les Turcs lorsque la 1re brigade commençait à descendre vers Jadzalij.

« Au premier coup de l'artillerie turque, nos pièces à tir rapide s'installèrent et commencèrent à couvrir l'artillerie ennemie de shrapnels. Le 6e régiment de Tirnovo (régiment du Roi) et le 1er (Prince-Alexandre)

Commandant la 1re division, qui se serait suicidé
au cours de la bataille de Kirk-Kilissé

se déployèrent; un violent combat s'engagea contre la division turque qui semblait s'être heurtée à nous à l'improviste.

« Le combat de rencontre offre ceci de particulier, que la victoire appartient à celui qui veut l'obtenir.

« De fait, dès les premières phases de l'engagement, les Turcs se mirent en retraite. Les nôtres se lancèrent vigoureusement à l'assaut en poussant des hurrahs frénétiques, tandis que notre artillerie fauchait sans rémission les rangs ennemis.

« Les batteries turques évacuent le terrain, une terrible poursuite s'engage au cours de laquelle la valeur bulgare ne connaît pas d'obstacles.

« Le général de division arriva à Jadzalij vers 3 heures, au moment où la lutte battait son plein. Il prescrivit de renforcer les éléments avancés de la 2e brigade, et de les faire appuyer par la 1re. Il prit personnellement le commandement du reste des troupes. Le général se rendit compte que la 1re brigade avait poussé trop en avant; aussi fit-il porter l'ordre d'arrêter la poursuite. Mais en un jour pareil, comment pouvait-on espérer arrêter des troupes débordant d'enthousiasme? Les hurrahs ne cessaient pas, une partie des Turcs fuyait vers le sud, le reste vers Andrinople.

« Les nôtres enlèvent deux batteries à la course, atteignent le village de Geckinli où les Turcs, dont les pertes sont terribles, se trouvent entre deux feux.

« Le 1er régiment qui marchait sur Saliorloïi traversa Geckinli.

« La nuit arrêta la poursuite sans mettre fin au combat, car les Turcs mirent de nouvelles troupes en ligne pour tenter de reprendre leurs pièces. Nos soldats livrèrent un nouvel assaut et les refoulèrent au loin. Voyant combien notre brigade se trouvait isolée à la suite de son mouvement en avant, le général envoya à plusieurs reprises l'ordre de reporter en arrière les diverses fractions, mais personne ne voulait entendre parler de retraite. Il aurait fallu abandonner les canons conquis.

« Cependant, vers 3 heures du matin, la 1re brigade se décida à obéir aux ordres catégoriques qui lui étaient donnés, et à se retirer sur les emplacements assignés.

« Mais le mécontement d'avoir à interrompre le succès était extrême. Les pièces enlevées furent ramenées en arrière à bras, jusqu'à ce que le terrain défoncé obligeât à les abandonner. Elles furent conduites le lendemain au village de Sare-Schalischman. Les pertes des Turcs étaient énormes.

« Rien que sur la colline située aux environs du village le terrain était couvert de morts.

« La division turque tout entière était anéantie, ses débris fuyaient précipitamment vers le sud. Une nouvelle division, qui s'avançait à son secours, fut entraînée dans la panique.

« Deux jours plus tard, lorsque nos troupes se portèrent vers le sud, on voyait partout les traces de la lutte : une seconde batterie turque avait été abandonnée près du village de Gerdelij, partout on voyait des affûts, des tentes, des blessés, des fusils, et le sol était couvert de munitions non employées.

« Au dire des prisonniers et des habitants, la fuite des Turcs avait pris un caractère tout à fait désordonné, qu'il faut attribuer à l'extraordinaire vigueur de l'attaque de la re brigade.

« La première rencontre des armées adverses avait été décisive. Notre division s'était mesurée avec les 2e et

3e divisions de Constantinople qui comptent parmi les meilleures troupes turques.

« On a pu établir, d'une façon certaine, que les Turcs, après avoir laissé une division à l'occupation de Kirk-Kilissé, avaient, le 8 octobre, dirigé deux autres divisions sous Turgut Pacha vers Andrinople pour attaquer notre aile gauche.

« Lorsque les Turcs virent que nous nous dirigions sur les villages de Jadzalij et de Domurdzalij, c'est-à-dire vers Andrinople, et que nous menacions la grande route qui n'est qu'à 5 kilomètres au sud de Jadzalij, ils furent obligés, pour se couvrir contre une offensive sur leur flanc, d'engager un combat qu'ils ne recherchaient pas. L'ardeur de nos troupes vint bouleverser leur plan.

« Battus et mis en désordre, ils durent se retirer vers le sud en découvrant le flanc et les derrières des troupes laissées devant Kirk-Kilissé, ce qui, le second jour de la lutte, détermina la prise de la ville. C'est ainsi que se déroula cette lutte glorieuse dont les moindres détails devraient être connus de tous les Bulgares.

« Loin d'avoir encouru les critiques, la conduite de la division a été au contraire tout à fait remarquable. Les canons conquis témoignent de son ardeur. Les lieutenants colonels Poschef et Notschef succombèrent héroïquement et se montrèrent dignes du pays qui les avait vus naître. Le second de ces officiers fut frappé d'une balle au moment où il se saisissait d'une pièce, autour de laquelle nombre d'hommes tombèrent au même moment.

« Les pertes furent énormes, dira-t-on. Mais celles des Turcs ne dépassèrent-elles pas de beaucoup les nôtres ?

la défaite et la panique de l'ennemi ne comptent-elles donc pour rien ?

« Les pertes subies par le 1er régiment résultent du rôle que ce corps avait à jouer et de la position dominante occupée par l'ennemi.

« Il serait fâcheux de voir se propager des bruits alarmants relatifs à un échec imputable au commandant de la division.

« Bien que la description que j'ai faite de la bataille soit l'œuvre d'un homme peu compétent, elle résume un souvenir glorieux de notre histoire.

« Je rappellerai ici que la même division prit une part également remarquable à la bataille de Lule-Burgas. Dans ces conditions, il est impossible à quiconque, sachant exactement ce qui s'est passé, de rapprocher sans amertume l'historique des faits des commentaires qui les ont suivis.

« Le commandant de la division a fait son devoir de chef et de soldat, on doit repousser du pied toute calomnie qui chercherait à entacher sa mémoire.

« Village de Tschaklin, près Tschataldscha,

11 novembre 1912

Signé : WAKLIN. »

CHAPITRE XII

LA BATAILLE DE LULE=BURGAS — BUNARHISAR

—

Après la bataille de Kirk-Kilissé, les 3ᵉ et 1ʳᵉ armées bulgares poursuivirent leur marche vers le sud, tandis que les forces situées plus à l'Est s'avançaient vers Bunarhisar et Viza.

Le terrain que les forces Bulgares allaient avoir à parcourir en marchant vers le sud est caractérisé par la présence de nombreux cours d'eau coulant parallèlement vers le sud-ouest. Issus de l'Istrandja-Dagh, ils se jettent en général dans l'Ergène après avoir fortement raviné le plateau, qui, de ce fait, prend l'aspect d'une mer mouvementée.

Il est rare que les vues s'étendent au delà de la crête suivante qui, lorsqu'elle est atteinte, en démasque une autre complètement identique. Les vallées sont assez larges et deviennent marécageuses dès que les pluies se prolongent un peu, ce qui était le cas à l'époque considérée.

Une offensive dirigée devant un pareil terrain devait, étant données les conditions météorologiques, rencontrer certaines difficultés d'ordre technique, auxquelles venaient s'ajouter celles d'ordre tactique, résultant de la facilité avec laquelle un adversaire poursuivi peut, à chaque instant, trouver des positions favorables à une défense pied à pied.

Les crêtes sont en général dénudées ou couvertes de bruyères avec quelques fourrés peu élevés. L'agriculture et les habitations, du reste peu nombreuses, se sont réfugiées dans les fonds. Les villages, agglomérations de huttes couvertes de paille, n'ont aucune importance militaire.

Il n'y a dans toute cette région aucun chemin répondant à nos conceptions européennes. Même la grande route qui d'Andrinople passe par Babaeski, Lule-Burgas et Tschorlu, ne représente qu'une piste non délimitée, et non empierrée.

La monotonie du paysage, l'impossibilité de trouver des points de repère pour l'orientation, rendent la marche très difficile. De plus, les cartes de cette partie de la Thrace sont loin d'être exactes ou complètes.

La carte autrichienne au 1/200.000, malgré le soin avec lequel elle a été établie et les facilités de lecture qu'elle présente, n'a qu'une exactitude relative dont il convient de tenir compte lorsqu'on est appelé à en faire usage.

En vue de la bataille décisive qu'ils jugeaient imminente, les Bulgares avaient renforcé leurs armées par toutes les réserves disponibles; ils avaient, en outre, fait appel au concours de la 2ᵉ armée qui se trouvait devant Andrinople. On peut évaluer l'effectif total des forces qui prirent part, du côté bulgare, à la bataille de Lule-Burgas —Bunarhisar, à environ 200.000 hommes.

Tandis que la gauche de la IIIᵉ armée poursuivait les divisions de Mahmud Muhktar en retraite sur Bunarhisar, le centre et l'aile droite bulgares marchaient sans interruption vers le sud. Malgré la fatigue résultant des combats et des marches des journées précédentes, les troupes ne s'arrêtaient que pour effectuer les ravitaillements indispensables.

La victoire de Kirk-Kilissé avait élevé le moral des troupes à un niveau extraordinaire. Elles se jugeaient invincibles et étaient persuadées qu'il ne s'agissait plus maintenant que d'empêcher l'adversaire de se reconstituer. Personne n'envisageait la possibilité d'une défaite.

La Ire armée, sous Kutintschew, était arrivée sur la ligne Keremetlija—Kukiler—Demeranlija. Elle détacha une partie de ses forces sur la droite, pour achever, vers Skendekoj l'investissement d'Andrinople. Quant au gros de cette armée, il se portait d'Haskoj et de Jenidze sur Baba-Eski et Jenikoj.

La division de cavalerie affectée à l'armée Kutintschew réussit, par une marche hardie, à s'emparer de Baba-Eski, ainsi que des points du passage de Dimotika. En gare de Baba-Eski, elle arrêtait le dernier train militaire venant d'Andrinople.

L'intention du commandant bulgare était d'attaquer simultanément à l'ouest par Lule-Burgas, et à l'est par Bunarhisar et Viza, de manière à couper le plus de forces adverses possible de la ligne de retraite passant par Cataldza. Mais, en raison des mesures prises par l'adversaire, on ne put mettre ce projet à exécution.

Les directions de retraite choisies par les Turcs après la bataille de Kirk-Kilissé étaient la conséquence des axes d'attaque de leurs adversaires.

C'est ainsi que le gros des forces provenant de la région de Petra à l'ouest de Kirk-Kilissé, ramassant au passage les six ou sept divisions qui se trouvaient plus au sud, se retira sur Baba-Eski et Lule-Burgas, tandis que les défenseurs proprement dits de Kirk-Kilissé, refoulés par les Bulgares venant du nord-ouest, battaient en retraite vers le sud-est sur Bunarhisar.

Le groupe turc principal arriva dans ces conditions sur le moyen Ergène, vers Baba-Eski et Lule-Burgas, tandis que le reste des divisions de Mahmud Muhktar Pacha se trouvait plus à l'est, où il recevait des renforts envoyés de Constantinople ou d'Asie Mineure.

La défaite de Kirk-Kilissé avait rendu la situation du commandement ottoman très difficile. J'ai déjà montré que le projet d'opérations de von der Golz envisageait l'occupation d'une position en arrière du cours supérieur de l'Ergène, la droite dans la position de Saraj-Strandza, tandis qu'Andrinople et Kirk-Kilissé étaient occupés par de fortes garnisons.

La chute rapide de Kirk-Kilissé, le résultat néfaste de la *reconnaissance forcée* de Mahmud Muhktar mettaient l'armée turque de l'Est dans l'impossibilité d'atteindre l'Ergène sans nouveau combat. La gauche de l'armée se trouvait vers Baba-Eski, et il paraissait impossible, en raison de la rapidité avec laquelle s'effectuait la poursuite, de disposer du temps nécessaire à son envoi sur Tschorlu.

A la droite turque, les troupes battaient en retraite dans un désordre complet sur Bunarhisar, et se trouvaient exposées au danger d'être prises en flanc et dispersées par les colonnes bulgares marchant sur Viza.

Le général turc, vraisemblablement sous l'impression du danger qu'une avance bulgare vers Strandja ferait courir à sa ligne de retraite, reconnaissant, en outre, l'impossibilité de rappeler en temps utile en arrière de l'Ergène les fractions qui s'étaient dirigées vers l'est et le nord-ouest, se décida à marcher offensivement avec sa droite, de Viza et de Bunarhisar sur Kirk-Kilissé. Dans son esprit, cette opération devait acculer les Bulgares à Andrinople. L'occupation par l'aile gauche turque de Lule-Burgas et Turk-Beg devait faciliter la manœuvre.

L'attaque débouchant avec des forces supérieures de Viza et de Tschongara rejeta les avant-gardes bulgares de la région boisée située entre Viza et Bunarhisar jusqu'au delà du Karagatsch-Dere. Ils durent encore évacuer Bunarhisar et battre en retraite jusqu'au sud-est de Kirk-Kilissé, de telle sorte que la situation devenait critique.

Lorsque le général Dimitriew eut fait connaître au Grand Quartier Général que les Turcs avaient réoccupé Bunarhisar, une certaine émotion s'empara du haut commandement; cette émotion fut accrue encore par le bruit rapportant que Kirk-Kilissé avait également été repris par les Turcs.

L'afflux de toutes les réserves, ainsi que des forces se trouvant plus à l'est, permit au commandant de la 3° armée de passer dès le matin du 29 à la contre-offensive qui s'effectua à la fois de front le long de la grand'route Kirk-Kilissé—Bunarhisar et plus à l'est, d'une façon enveloppante, en partant de la ligne Ueskub—Hadzifakli—hauteurs de Monastirdag.

Grâce à leur invincible élan, les Bulgares réussirent à refouler au premier choc les fractions de têtes ottomanes, Bunarhisar fut repris et les Turcs rejetés derrière le Karagatsch-Dere. Mais il ne fut pas possible de pousser plus loin; pendant les quarant-huit heures qui suivirent, le combat demeura stationnaire, en raison de la supériorité numérique des Turcs, qui recevaient continuellement des renforts. Cette lutte que la nuit n'arrêta pas, et que les deux adversaires menaient avec l'esprit d'offensive le plus complet, les épuisa tous les deux, sans qu'il fût possible d'attribuer l'avantage à l'un des partis.

A leur gauche, les Turcs avaient établi le 4ᵉ corps à l'ouest de Lule-Burgas. Il se reliait aux 1ᵉʳ et 2ᵉ. Abdullah Pacha commandait ici en personne.

En raison de l'état déplorable des chemins, détrempés par les pluies des jours précédents, les Bulgares ne purent avancer aussi rapidement qu'ils l'avaient espéré. Dans ces conditions, et malgré la situation critique de leur propre aile gauche devant Bunarhisar, ils ne purent attaquer Lule-Burgas que le 29.

C'est surtout à l'intervention de leur artillerie que les Bulgares doivent les succès remportés au cours de cette journée devant les positions turques à l'ouest et au nord-ouest de Lule-Burgas, sur le Telan-Dere et l'Ajvale-Dere. Sans se laisser absorber par une lutte sans résultat avec l'artillerie turque insuffisante et mal pourvue de munitions, les batteries bulgares concentrèrent leur tir sur l'infanterie adverse, qui, décimée et moralement annihilée, n'était plus à même, au moment voulu, de résister à l'assaut de l'infanterie bulgare.

Celle-ci, du reste, fit preuve, dans cette série de combats, d'un élan et de qualités tactiques qui n'ont jamais été égalés.

Certaines positions fortifiées ont été enlevées sans préparation préalable par l'artillerie.

Les fantassins bulgares, dont le cri de guerre était *Na Nos* (au couteau), ne tenaient aucun compte des conditions de la guerre moderne; à plus de 400 pas de l'ennemi, des régiments entiers se levaient et d'un seul

Réservistes attendant l'ordre de départ

bond, sans arrêts et sans tirer, ils se ruaient à découvert sur l'ennemi. Chaque homme voulait en venir au corps-à-corps et planter son couteau, sa baïonnette dans le ventre d'un Turc. Les officiers étaient impuissants à canaliser une pareille furia. Rien ne pouvait arrêter les hommes. Un régiment qui n'avait pas encore été engagé et qui suivait en réserve se jeta tout entier sur l'ennemi par suite de l'appel d'un sous-officier, aucun ordre ne put le décider à s'arrêter ou à se coucher.

Un enthousiasme analogue animait les réserves du 3e ban. Elles prirent part à la bataille, en effets civils, armées du Mannlicher et de la baïonnette. Ce sont principalement les régiments provenant des régions montagneuses qui fournirent, dans toutes les classes, les meilleurs hommes.

Le commandement, soutenu par un corps d'officiers reconnu excellent, tira parti de l'état d'esprit de la troupe. Au lieu de canaliser cette vigueur offensive et de l'enserrer dans le cadre d'une tactique formaliste, il sut imprimer à son action personnelle un caractère d'indépendance assurant le libre jeu des initiatives individuelles.

Mais il faut bien en convenir, ces procédés d'attaque ont causé à l'infanterie bulgare des pertes énormes. Vis-à-vis d'un adversaire plus dangereux, une telle manière de faire la guerre aurait abouti à des catastrophes plus sanglantes encore que celles qui frappèrent les Autrichiens dans leurs assauts de 1866 sous le feu du fusil à aiguille.

Il faut attribuer à l'énorme déchet que les forces bulgares ont subi, la crise qui marqua la dernière période de guerre, peu de temps avant la fin des hostilités.

Plus de la moitié de la cavalerie bulgare était restée sur les champs de bataille de Kirk-Kilissé, de Lule-Burgas, de Bunarhisar, de Tschorlu, de Kotschana, etc., ou encombrait les hôpitaux. Le remplacement par des classes plus jeunes, des volontaires ou l'appoint des forces serbes ne constituait qu'un expédient. Le Roi et les hommes d'État bulgares furent extrêmement émus par les pertes de cette guerre, et un diplomate occupant un poste élevé m'a dit combien il était regrettable que le commandement, à tous les échelons, n'ait pas réussi, par des procédés appropriés, à diminuer l'amplitude du sanglant sacrifice.

En ce qui me concerne, et s'il peut m'être permis d'émettre une opinion, je dirai que, tout en déplorant de tout cœur les terribles pertes subies par les vaillants Bulgares, je ne crois pas que le commandement, qui, lui aussi, pleure ses soldats, eût pu, par des procédés quelconques, diminuer celles-ci.

Toute tentative de ce genre n'aurait pu que réduire considérablement les chances de succès. La tactique éminemment offensive des Bulgares est la conséquence d'une série de facteurs, dont un petit nombre seulement ont leur origine dans le mode d'instruction de la troupe, les autres procèdent du caractère national et de l'état d'esprit d'une armée qui depuis de longues années attendait l'heure de se jeter sur l'ennemi héréditaire.

En cherchant à faire évoluer cet état d'esprit, on ne serait arrivé qu'à le détruire, tout au moins l'aurait-on tellement affaibli que les Bulgares ne seraient que difficilement arrivés à franchir leurs frontières.

Du reste, à la suite de chaque guerre, des plaintes analogues sur l'étendue des pertes se font entendre, et cela, surtout dans le camp victorieux. Le sang-froid revenu, on se demande si un résultat analogue n'aurait pas pu être obtenu avec des pertes moins considérables.

Moltke lui-même, après la guerre de 1870, a exprimé l'opinion que les Allemands auraient pu, en faisant un plus large emploi de la défensive et de la manœuvre, éviter en grande partie les pertes occasionnées à Saint-Privat, par exemple, par leur tactique offensive.

Les mêmes récriminations se sont élevées après la guerre sud-africaine et à l'issue de la guerre de Mandchourie.

Les sanglants combats du mardi avaient permis aux Bulgares d'être victorieux à Bunarhisar comme à Lule-Burgas, mais néanmoins la décision n'était pas intervenue, car les Turcs avaient mis en ligne toutes leurs réserves disponibles pour empêcher la marche en avant du vainqueur.

Le lendemain 30, les Bulgares, qui avaient appelé à eux des forces considérables accourues d'Andrinople à marches forcées, se résolurent à faire effort sur le centre ennemi dont ils s'étaient encore rapprochés au cours de la nuit, en utilisant le terrain. De nouveaux assauts, furieusement menés à la baïonnette, assurèrent, vers midi, aux assaillants la possession de la position turque. A la même heure, la prise de Lule-Burgas attaqué avec la même énergie déterminait la défaite totale de la gauche turque.

La retraite générale des Turcs dans la direction de Tschorlu commençait dans les premières heures de l'après-midi.

Les Bulgares entamèrent aussitôt la poursuite qui se continua même pendant la nuit avec une grande énergie. La cavalerie turque avait vainement tenté de couvrir la retraite. Dans les premières heures de la matinée du 31, la retraite des Turcs s'était transformée en déroute complète.

Simultanément, les Bulgares, débouchant à leur propre aile gauche de la direction du nord-est, avaient complètement enveloppé les forces turques établies au sud-est de Bunarhisar.

Dans les premières heures de la matinée du 31 l'assaut était donné sur la ligne Urum—Bejli—Viza contre le flanc droit des Turcs. Déjà épuisés par les combats des jours précédents, ceux-ci n'attendirent pas le choc et se retirèrent dans un certain désordre vers le sud.

Malgré cette série d'échecs, ni le commandant en chef, Abdullah Pacha, ni le commandant du 3ᵉ corps, Mahmud Muhktar Pacha, ne voulurent se déclarer battus. Le 2 novembre, environ deux divisions, dont une partie aurait été amenée par mer, tentèrent un nouvel effort sur Bunarhisar par Viza. Cette opération, dont le début fut favorable, eut finalement le sort des combats précédents.

Après la bataille de Lule-Burgas—Bunarhisar, et les combats qui se déroulèrent les jours suivants autour de Viza, la 3ᵉ armée bulgare, formant la gauche du dispositif, se dirigea sur Saraj et Sultanbaqtsche, afin de couper aux forces turques, qui se trouvaient vers le sud, la retraite sur les lignes de Tschataldscha.

En même temps, la 1ʳᵉ armée, renforcée une fois de plus par des fractions devenues disponibles devant Andrinople, marchait au centre et à la droite du dispositif bulgare.

Elle prenait comme axe de marche la voie ferrée et une route située plus au sud, par laquelle se préparait une manœuvre enveloppante débouchant de Tschajrum, contre la forte position que les Turcs occupaient de part et d'autre de Tscherkeskoj, et que le reste de l'armée attaquait de front.

Les combats autour de ces positions occupèrent la totalité des journées des 4 et 5 novembre.

Les Turcs, placés sous le commandement de Nazim Pacha, montrèrent une force de résistance que leurs retraites précédentes ne permettaient pas d'escompter.

Lorsque l'action de la colonne enveloppante venant du sud commença à se faire sentir, les Turcs, débouchant de Kapakli-Bunar, tentèrent de percer le centre bulgare vers Uzum-Hadzi. Mais cette attaque, tombant sous les feux croisés de l'artillerie et de l'infanterie bulgares, échoua complètement.

A la même heure, une division de la 3ᵉ armée bulgare, venant de la région de l'ouest de Strandza, attaquait vigoureusement le centre turc établi au nord de Jenikoj, et le refoulait sur Tscherkeskoj. La division turque qui s'était dirigée sur Uzun-Hadzi fut prise en flanc et presque complètement dispersée. C'est à ce moment de la bataille que les Turcs éprouvèrent la plus grande partie de leurs pertes.

La défaite de la droite du centre turc entraînait la retraite des fractions de leur dispositif qui tenaient encore solidement au sud.

La direction générale de cette retraite, entamée le 5 novembre, suivait la voie ferrée vers Sinekli. Quant à la gauche, elle se dirigeait sur Canta. La vigueur de la poursuite, et surtout l'action du détachement du sud, changea la retraite en déroute. Une tentative de Nazim Pacha d'arrêter la poursuite sur une position de repli à Sjmen se termina vers 5 heures du soir par la retraite des dernières réserves turques.

L'offensive bulgare sur Jenikoj avait eu comme autre conséquence la retraite de la droite turque qui, des hauteurs à l'est de Sranja, vint se réfugier dans la région boisée du lac Derkos. La dernière résistance turque se trouvait brisée.

Les combats de Tschorlu—Tscherkeskoj mettaient fin aux opérations de campagne sur le théâtre des opérations de Thrace. Quand on cherche à se rendre compte des causes qui ont amené le succès ou la défaite, on voit que dans les batailles la force vive d'un peuple jeune, alliée à une excellente organisation militaire ayant préparé la lutte dans tous ses détails, a triomphé de la sénilité d'un État vermoulu dont la réorganisation a été entravée par la corruption et qui ne s'est décidé que trop tard à faire un sérieux effort militaire.

La série de batailles commençant à Kirk-Kilissé et aboutissant à Tschorlu a consacré la victoire d'un peuple de 3.500.000 habitants, sur un autre qui en compte plus de 20 millions.

Les forces matérielles et morales mises en œuvre par les deux adversaires représentaient, d'une part, vingt-cinq années de préparation intensive et d'extrême prévoyance, de l'autre, une négligence chronique et complète s'étendant à tous les rouages de l'État.

D'une part, l'armée bulgare, dont l'infanterie et l'artillerie ont été dressées par de nombreux exercices à feu, de l'autre, les Turcs qui, avant 1909, n'ont jamais effectué de manœuvres et qui ne peuvent apprendre à se servir de leurs armes qu'avec une autorisation spéciale du Sultan, et dont les allocations ne dépassent pas huit cartouches. En outre, le corps d'officiers turc, déjà inférieur au point de vue professionnel, était déchiré par des dissensions politiques.

Il est malheureusement difficile d'éviter à de grandes masses de troupes concentrées sur un espace étroit, ou obligées d'effectuer des marches forcées, les souffrances de la faim. Mais le fait d'avoir vu les troupes turques manquer de tout, même de munitions, alors qu'elles opéraient en territoire national, à courte distance de leurs bases de concentration, auxquelles elles demeuraient liées par un chemin de fer, ce fait, dis-je, témoigne de l'oubli des plus élémentaires prévisions qui incombent au commandement au cours d'une grande guerre.

Certes, il est arrivé également aux Bulgares de manquer de vivres et de voir leur ligne de communication cesser momentanément de fonctionner. Telle a été la situation après les batailles de Lule-Burgas—Bunarhisar—Tschorlu et au cours des opérations sur Tschataldscha.

Mais les Bulgares subissaient ainsi les conséquences momentanées de leur difficile situation stratégique, de l'épouvantable réseau routier, de l'impossibilité d'utiliser la voie ferrée barrée par Andrinople, enfin de la rapidité de leur marche en avant. Tous ceux qui ont vu fonctionner le service de l'arrière des armées bulgares auront su reconnaître que tous les moyens avaient été mis en œuvre pour en assurer le bon fonctionnement, et que le commandement s'était efforcé de résoudre le plus simplement possible le difficile problème qui consiste à pourvoir et entretenir une grande armée de tout ce qui est susceptible de la maintenir en état de combattre.

Le résultat tactique de la bataille de Lule-Burgas—Bunarhisar—Tschorlu avait été de disperser la plus grande partie de l'armée turque de l'Est. Sur 150.000

hommes qu'elle comptait, plus de 40.000 étaient tués ou blessés.

Cette bataille, qui ne le cède en durée qu'aux grands engagements de la guerre en Mandchourie, a aussi été une des plus sanglantes de l'histoire moderne. Les Bulgares ont admis qu'ils avaient perdu 15.000 hommes, mais ce chiffre n'est pas assez élevé. Le total des pertes pour les deux partis doit osciller autour de 60.000 hommes. Il est donc analogue à celui relevé à Borodino, mais où, par suite des effectifs en présence, le pour cent fut infiniment plus élevé. A Königgrätz, les Austro-Saxons, comptant 215.000 hommes, perdirent 23.000 hommes. Il ne faut pas perdre de vue que la bataille ne dura que huit heures, tandis que celle de Lule-Burgas dura cinq jours. Les grands engagements de la guerre de Manchourie ont amené des chiffres de pertes dépassant de beaucoup, tant en valeur absolue qu'en valeur relative, ceux atteints au cours de la guerre des Balkans.

Au point de vue stratégique, le résultat acquis demeura en dessous des espérances ; car les Bulgares ne réussirent pas à couper de sa ligne de retraite une fraction importante des forces turques, pas plus qu'ils ne parvinrent à occuper en même temps que les vaincus les lignes de Tschataldscha, ce qui aurait mis les Turcs dans l'impossibilité d'organiser une dernière résistance en avant de Constantinople.

On doit attribuer avant tout l'insuffisance des résultats obtenus à la répartition des deux masses principales pour la bataille, ainsi qu'aux directions initiales choisies de part et d'autre pour amener la décision.

Au point de vue stratégique, l'offensive bulgare

aurait été beaucoup plus fructueuse, si elle s'était exer-
cée par la gauche, par Bunarhisar et la région boisée
située plus à l'est, en prenant Saraj—Strandza pour objectif. Un succès remporté dans cette direction aurait
dispersé la droite ennemie et coupé complètement le
gros de l'armée turque de sa ligne de retraite.

La mise en œuvre de la masse principale à l'aile
opposée ne pouvait que rejeter les Turcs sur leur ligne
de retraite naturelle. Le résultat décisif ne pouvait être
obtenu que de l'offensive énergique de la gauche bulgare sur Saraj. Mais cette gauche se trouvait trop
faible pour remplir cette mission, devenue d'autant
plus délicate que les Turcs, prévoyant le danger,
avaient eux-mêmes pris l'offensive avec des forces importantes, lesquelles, au début, se montrèrent victorieuses.

Lorsque, plus tard, la décision eut été obtenue à
l'ouest et au centre, les Bulgares voulurent passer
également à l'offensive sur leur gauche et rejeter
les Turcs sur Viza, la victoire se fit attendre deux
jours; lorsqu'elle fut acquise, le moment favorable
était passé, le gros de l'armée turque avait évacué la
région dangereuse de Lule-Burgas—Tschorlu.

Le haut commandement bulgare ne mériterait pas
les critiques qui pourraient lui être adressées en ce
qui concerne le choix de ses directions d'attaque. Il
savait, tout aussi bien que ses détracteurs éventuels,
que la situation stratégique exigeait la manœuvre par
sa gauche. Mais cette opération était, en raison des
circonstances, extrêmement difficile à exécuter.

Il fallait, au préalable, que la concentration en Roumélie Orientale s'effectuât dans la région boisée voisine
de la mer, et que l'aile gauche fût dirigée ensuite sur

Tirnovo—Samokow—Strandza, ce qui aurait entraîné la traversée de l'Instranza—Dagh sur les 100 kilomètres de sa plus grande longueur.

J'ai déjà dit que cette région est impraticable aux grandes armées. En outre, et en raison de la simultanéité de l'avance sur Andrinople, les armées bulgares se seraient trouvées éparpillées sur un front de 120 kilomètres, ce qui n'était pas sans danger.

On comprend alors que les Bulgares n'aient pas voulu envoyer leur gauche au delà de Kirk-Kilissé, et que, seuls, de petits détachements aient franchi l'Istrandja-Dagh, le gros des armées opérant entre Kirk-Kilissé et Andrinople.

Le groupement des forces en vue de la bataille de Lule-Burgas—Bunarhisar dépendit de cette situation initiale ; il avait l'avantage d'être simple et d'amener les troupes à l'ennemi sans mouvements latéraux difficiles. En outre, il permettait de faire état des renforts à tirer d'Andrinople et ne bouleversait pas le réseau des lignes de communications.

L'orientation du front de combat découla tout naturellement des dispositions arrêtées de part et d'autre, et le commandement bulgare ne pouvait empêcher que le choc principal aboutît à rejeter le centre turc.

Au point de vue géographique comme au point de vue stratégique, les Turcs étaient plus avantagés : grâce à la disposition de leur ligne d'opérations et de ravitaillement, ils pouvaient très facilement porter leur centre de gravité du côté de leur aile droite.

CHAPITRE XIII

DEVANT TSCHATALDSCHA

—

La retraite des Turcs de la région Lule-Burgas—
Bunarhisar—Tschorlu sur les lignes de Tschataldscha
acheva de mettre le désordre dans les unités tactiques.

Il semblait tout à fait impossible que cette armée,
épuisée par une longue série de combats, privée des
ravitaillements les plus essentiels et sous le coup d'une
terrible dépression morale, pût être considérée encore
comme dangereuse. Pour tous les spectateurs de la
retraite turque, la résistance, même derrière les lignes
de Tschataldscha, ne pouvait être sérieuse.

Toutes les routes conduisant dans la direction de
Tschataldscha, encombrées de matériel divers, témoignaient du désordre et de la rapidité de la fuite. Des
pièces abandonnées, des caissons, des voitures de tout
genre, des chevaux morts de fatigue se rencontraient
à chaque pas. Des détachements entiers, ayant abandonné leurs armes, s'arrêtaient, épuisés et mourant de
faim, heureux d'être capturés et de pouvoir ainsi recevoir un peu de nourriture.

Il n'y avait véritablement plus d'armée, ce qui en
restait ne formait plus qu'une cohue incapable de se
défendre, et à laquelle on allait confier la garde des
ouvrages surannés et fragiles de Tschataldscha. Que

pouvait-on attendre de semblables troupes en face de l'irrésistible élan des Bulgares ?

J'avais eu un entretien avec un officier turc fait prisonnier le second jour de la bataille de Lule-Burgas.

D'après lui, les effets de l'artillerie bulgare étaient effrayants. On ne pouvait résister à cet ouragan de projectiles qui démoralisait les défenseurs à un point tel, qu'au moment de l'assaut ils étaient incapables de résister et cherchaient leur salut dans une fuite éperdue.

Les officiers n'avaient plus aucune autorité, les ordres n'étaient plus écoutés ni obéis, les exécutions sommaires de fuyards isolés demeuraient sans effet, quiconque cherchait à changer le cours du torrent roulant sans répit vers Constantinople risquait d'être écrasé ou massacré.

La situation fut particulièrement tragique au passage du Tschorlu, où les scènes d'horreur rappelèrent les souvenirs de la Bérésina. Pendant de longs jours, l'eau resta souillée par de nombreux cadavres et, dans les heures qui suivirent la bataille, elle fut littéralement remplacée par du sang.

Dans la région boisée du nord, les combats, extrêmement violents, prirent le caractère de luttes individuelles au cours desquelles les hommes, abandonnant leurs armes, s'étreignaient corps à corps et cherchaient à s'étrangler.

La prise de Strandza, ainsi que l'infructueuse offensive des Turcs de Kapakli—Bunar vers le nord-ouest, donnèrent également lieu à des tableaux épouvantables. Assaillis de trois côtés à la fois, les Turcs se reportèrent, dans une fuite désordonnée, sur Kapakli—Bunar, mais avant d'avoir pu s'abriter dans cette localité, les feux combinés de l'artillerie et de l'infanterie bulgares les avaient décimés.

On comprend donc qu'en présence de tout ce qu'elle avait souffert, l'armée turque ne fût plus capable de résistance.

Contre toute attente, Nazim Pacha réussit cependant à organiser, derrière les lignes de Tschataldscha, une armée en état de les défendre, montrant ainsi, une fois de plus, les trésors de résistance que la Turquie révèle aux moments critiques de son histoire. De plus, pour expliquer la situation, il convient également de tenir compte de l'état d'épuisement dans lequel les Bulgares arrivaient au terme de cette longue série de combats et de marches forcées. Il leur était impossible de prolonger immédiatement leur effort, et le délai ainsi imparti allait être utilisé par les Turcs pour reconstituer leurs forces désorganisées, et préparer leur nouvelle ligne de défense.

Du côté bulgare, on était fermement résolu à exploiter à fond les résultats qui venaient d'être si chèrement obtenus, et à ne pas abandonner l'adversaire avant de l'avoir définitivement mis hors de cause. Mais les difficultés matérielles étaient devenues telles, que, malgré toute leur énergie, les Bulgares ne purent poursuivre leur effort.

Ils se lancèrent bien à l'attaque de Tschataldscha, refoulant devant eux les arrière-gardes sur la région boisée du lac de Derkos, mais, en présence de l'interruption dans le fonctionnement du service de l'arrière, ils ne purent songer à pousser plus loin leur action.

Les lignes de Tschataldscha couvrent la capitale, à

environ 35 kilomètres, en s'appuyant à la mer Noire et à la mer de Marmara.

Le village dont elles ont pris le nom se trouve en avant d'elles.

La ligne de défense suit une crête qui, partant au nord du lac de Derkos, descend vers la mer de Marmara en venant aboutir à la pointe sud du lac Bujuk-Tschekmedsch.

L'ensemble de la position mesure environ 40 kilomètres, mais, en raison de l'existence de lacs ou de golfes, la défense n'a, de fait, à s'exercer que sur 25 kilomètres.

En avant de la ligne de défense coule le Karasu, qui se jette dans le lac de Bujul-Tschekmedsch et dont le cours est marécageux dans les 15 derniers kilomètres.

Par suite de sa situation entre deux mers dont la Turquie était maîtresse, et de l'impossibilité de se glisser entre la mer et les lacs formant les extrémités de la ligne, la position est merveilleusement gardée sur ses flancs. Le centre et la gauche sont particulièrement forts ; à la droite, les forêts profondes arrivent presque jusqu'aux ouvrages. Les Turcs avaient, dans cette région, brûlé une partie des bois. Dans la région sud, ceux-ci ne forment que des fourrés bas qui ne gênent guère la défense.

La position de Tschataldscha a, pour la première fois, joué un rôle au cours de la guerre russo-turque de 1877-1878. La défense en avait été confiée à Blum Pacha. Bien que 37 ouvrages eussent été projetés, on n'en avait établi que 21. En raison de son organisation incomplète et de la nombreuse garnison qu'elle exigeait à un moment où on ne disposait plus que de 20.000 hommes, la position ne fut pas défendue. L'armistice signé à Andrinople le 31 janvier 1878 spécifiait son évacuation par les vaincus.

La paix conclue, les Turcs entreprirent la réorganisation de la ligne de défense où de nombreux travaux étaient prévus. 140 pièces de gros calibre furent mises en batterie immédiatement, 60 autres devaient l'être au moment du besoin.

Le célèbre général Brialmont avait établi un projet aux termes duquel sept ouvrages permanents devaient être construits.

Mais trois seulement de ceux-ci furent construits ; presque toutes les autres défenses datent de 1877 et ces ouvrages circulaires, se profilant de loin sur le terrain, n'ont pas grande valeur.

L'armement actuel comprend environ 300 pièces de siège, dont un grand nombre de modèles anciens.

L'état dans lequel l'armée turque, en déroute, atteignit les lignes de Tschataldscha semblait exclure toute éventualité de résistance nouvelle. Bien que Nazim Pacha eût réussi à rétablir un semblant d'ordre, le niveau moral des troupes était tel, qu'une offensive bulgare immédiate aurait eu toutes chances de succès. Les Turcs n'avaient reçu que l'appoint de deux nouvelles divisions, incomplètement organisées encore, et l'état des fortifications n'était pas brillant.

Cette situation presque désespérée, qui causait un vif émoi à Constantinople et décidait le Sultan à faire des préparatifs de passage en Asie Mineure, allait s'améliorer de jour en jour devant l'immobilité des Bulgares.

Les avant-gardes des vainqueurs avaient suivi de près l'arrivée des derniers éléments échappés aux combats des 29, 30 et 31 octobre, et elles avaient refoulé devant elles les arrière-gardes occupant les bois du lac de Derkos ou les avancées de la position. Le Gouvernement turc, instruit par l'expérience, craignait que ces premiers succès ne fussent le début d'une nouvelle victoire remportée sur la position principale.

Mais il ne devait pas en être ainsi. L'arrêt dans l'offensive bulgare allait permettre au commandement ottoman de mettre la position sur un tel pied que, dès le milieu de novembre, son attaque, par les procédés ordinaires de la guerre de campagne, ne pouvait plus laisser espérer un résultat favorable.

Depuis cette époque, on n'a cessé de renforcer encore la ligne : les anciens ouvrages ont été presque tous abandonnés ; à leur place on a construit des batteries masquées et fournissant, en général, des feux indirects. Des tranchées profondes réunissent les pièces et assurent la sécurité du personnel. Les anciennes redoutes sont utilisées comme observatoires.

On a établi également de nouvelles tranchées pour l'infanterie. Reliées entre elles et s'appuyant aux redoutes déjà construites, elles constituent des groupes d'ouvrages sérieux.

Les tranchées sont établies pour tireurs debout et parfaitement masquées.

En arrière de la première ligne de défense, on en a établi deux autres, formées presque exclusivement de tranchées pour l'infanterie. Dans ces conditions, l'ensemble de la position de Tschataldscha se présente comme un triple obstacle fortifié.

Le croquis ci-joint donne une idée de la disposition des forces turques. On a prévu la réunion, aux points convenables, des vivres et des munitions nécessaires.

Au début de l'occupation l'organisation sanitaire

n'existait pas et le choléra a fait énormément de victimes. Les mesures énergiques prises par le commandement ont, depuis, amélioré la situation, et le choléra est en voie de disparition.

Le retard apporté à la marche du gros des armées bulgares, par le fonctionnement insuffisant du service de l'arrière, avait tellement augmenté les difficultés qu'allait présenter l'attaque des positions turques, que le commandement bulgare en était venu à se demander si les avantages qu'une pareille opération pouvait assurer ne seraient pas annihilés par les sacrifices qu'elle occasionnerait.

Au point de vue militaire, il n'y avait plus rien à gagner.

La position occupée par l'armée bulgare devant Tschataldscha suffisait pour couvrir l'occupation des régions conquises contre toute éventualité, d'ailleurs peu probable, d'une offensive turque.

Au point de vue politique, en infligeant encore une défaite aux Turcs, on brisait définitivement leur résistance et ils se trouvaient dans l'obligation de souscrire à toutes les exigences du vainqueur.

Il était possible de tenter, avec certaines chances de succès, l'assaut de la position en partant, à cet effet, d'une place d'armes bien organisée et située à pied d'œuvre.

Car, dans les circonstances présentes, il ne pouvait plus être question d'agir par surprise ou d'opérer suivant les procédés de la guerre de campagne. Une attaque débouchant de loin était vouée à un désastre.

Mais, en raison de la disposition des lieux, cette place d'armes ne pouvait être organisée que sur la rive opposée du ruisseau de Kartaci, c'est-à-dire au milieu même du terrain occupé par les défenseurs. Or la manière dont les Turcs défendaient les avancées de leur front donnait une haute idée de la résistance qu'ils offriraient au moment de l'attaque de la position principale.

Le 17 novembre, environ une division bulgare franchit le ruisseau et marcha sur les redoutes de Mahmudie et Karakol Nokta. Le résultat de cette opération ne fut pas de nature à permettre de la pousser plus loin. Malgré l'occupation et la mise en état de défense du terrain conquis, malgré de nouvelles tentatives faites le 18 pour pousser au-delà, les Bulgares durent repasser le ruisseau. Les jours suivants, ils devaient reculer jusqu'à la ligne Tschataldscha—Indzegiz—Ciftlikkoj.

Le résultat de cet engagement avait montré que l'enlèvement des positions turques ne pourrait s'effectuer sans lourdes pertes, et que les risques d'une semblable opération n'étaient pas en rapport avec les résultats qu'on pouvait en attendre.

La réunion des efforts des armées de tous les confédérés sur le front de Tschataldscha n'aurait peut-être pas suffi pour décider le succès, elle aurait, en tout cas, entraîné d'énormes sacrifices.

On comprend alors que le commandement bulgare ait hésité à tenter l'attaque frontale, et qu'il ait cherché à forcer la position d'une autre façon.

Un des principaux éléments de forces de la défense réside dans le fait qu'elle s'appuie, par ses deux flancs, sur des mers qui lui appartiennent. L'enveloppement est ainsi rendu impossible et elle peut compter sur l'appui de la flotte.

Jusqu'à présent, cet appui ne lui a pas fait défaut,

et les bâtiments turcs ont pu intervenir dans les divers engagements dont les lignes de Tschataldscha ont été le théâtre.

Cette situation, essentiellement préjudiciable aux Bulgares aurait pu se modifier, au cas où les Grecs qui, seuls parmi les alliés, possèdent une flotte, auraient pu pénétrer dans la mer de Marmara et battre la flotte turque. Un semblable échec rendait la situation de la Turquie désespérée, même au cas où l'intervention des puissances européennes eût empêché les bâtiments hellènes de s'embosser devant Constantinople.

Le défilé de Bujuk-Tschekmedsche, qui s'étend entre le lac du même nom et la mer, aurait été complètement commandé par les pièces de gros calibre de la flotte grecque et n'aurait pu résister à l'attaque des Bulgares. La chute de l'ensemble de la position occupée par les Turcs n'était plus alors qu'une question de temps.

Dans ces conditions, il semble que les Bulgares auraient dû tout mettre en œuvre pour faciliter à la flotte alliée l'entrée dans les Dardanelles. On ne pouvait songer à forcer celles-ci de vive force, car il importait qu'une fois le défilé franchi, la flotte se retrouvât entière pour combattre la flotte ottomane. Le plan bulgare reposait donc sur une offensive dirigée par terre contre les lignes de Boulaïr qui auraient été attaquées simultanément par des troupes débarquées sur la côte occidentale de la presqu'île de Gallipoli. On arrivait ainsi, en cas de succès, à prendre à revers les défenses des Dardanelles; la destruction des mines posées dans le détroit assurait ensuite le passage aux bâtiments grecs.

Mais la Turquie, comme elle l'avait déjà fait au cours de la guerre contre l'Italie, a réussi à déjouer ce plan. Elle a renforcé les défenses fixes de la presqu'île et les a fait occuper par de fortes garnisons sous les ordres de Torgut Schefket Pacha.

De leur côté, les Bulgares ont embarqué, à Salonique, la 7e division sur des bâtiments grecs. Elle a été débarquée à Dedeagatsch d'où elle peut, le cas échéant, se trouver à pied d'œuvre pour une opération contre la presqu'île.

Les préliminaires de l'armistice et l'ouverture des négociations de paix n'ont pas permis de mettre ce projet à exécution. Mais ce n'est que partie remise, et, au cas où les pourparlers ne devraient pas aboutir, il serait repris et exécuté avec la plus grande énergie.

CHAPITRE XIV

INFLUENCE DES OPÉRATIONS MARITIMES SUR LES ÉVÉNEMENTS DE THRACE

———

L'importance des événements maritimes, lorsqu'on les compare aux événements terrestres, n'a pas été bien considérable.

Ce résultat était prévu. Néanmoins, les Turcs ont réussi à donner le change à l'opinion et à obtenir de leur flotte une intervention inattendue.

Il peut être intéressant de résumer l'historique des événements, quand ce ne serait que pour montrer comment parfois la réalité se charge de démentir les prévisions.

Sous le gouvernement d'Abdul Hamid, la flotte turque n'avait aucune valeur militaire, elle ne constituait qu'une façade lucrative, derrière laquelle s'effectuaient les tripotages les plus scandaleux. Les réformes dont elle avait été l'objet sous le régime jeune-turc ne lui avaient guère fait acquérir beaucoup plus de qualités combatives, mais en raison de la faiblesse de son adversaire éventuel, elle ne pouvait pas être considérée comme tout à fait négligeable.

Lorsque à la dernière heure, la paix avait été conclue avec l'Italie, et que de ce fait la liberté d'action dans la mer Égée avait été obtenue de nouveau, on pouvait s'attendre à voir la flotte turque rechercher aux dépens d'un adversaire moins dangereux, les lauriers qu'elle n'avait osé attendre d'une lutte avec la flotte italienne. Il semblait qu'elle dût rechercher avant tout la liberté de la mer pour activer ensuite les opérations de mobilisation en Macédoine, ralentie du fait de la guerre contre l'Italie.

Mais il n'en fut rien, on aurait pu croire que les Italiens continuaient à être maîtres de la mer, ou que les détroits étaient tombés aux mains des Grecs. Par contre, c'est vers la mer Noire que la flotte ottomane dirigea une activité à laquelle elle n'avait pas habitué l'opinion.

Les troupes bulgares franchissaient la frontière le 18 octobre; le 19, une escadre turque paraissait devant Varna. Le 20 au jour, elle commençait le bombardement et avariait deux torpilleurs bulgares.

Il était naturel que celui des deux adversaires qui se trouvait le plus fort sur mer prît l'initiative des opérations.

Il n'entre pas dans le cadre de cette courte étude d'exposer ce que ces opérations auraient pu être si la flotte turque avait été commandée par un chef actif et énergique. D'autres raisons encore obligent à ne pas faire ressortir les avantages qu'aurait procurés un meilleur programme d'action.

De fait, l'action de la flotte turque se limita aux événements tout à fait accessoires rappelés ci-dessus.

Suivant l'usage oriental, ce qui ne devait être qu'une ouverture, ou même seulement le prélude, se trouva être le concert tout entier. Un mois s'écoula avant qu'on n'entendît parler d'une nouvelle rencontre des adversaires dans la mer Noire.

Quels que puissent être les renseignements complets qui seront ultérieurement communiqués, il n'en ressort pas moins que quelques torpilleurs bulgares se hasardèrent à attaquer en plein jour des croiseurs ennemis, montrant ainsi que, sur mer comme sur terre, la Turquie représentait le passé et qu'en face d'elle la Bulgarie se posait en champion des temps modernes.

Dans son prodigieux essor, la Bulgarie a toutes chances de devenir une puissance navale lorsque la guerre actuelle lui aura assuré la liberté de la mer.

En coopérant, sur les deux flancs de la position de Tschataldscha aux efforts de l'armée de terre, la flotte turque ne s'est pas assuré de nouveaux lauriers; elle n'a fait que son devoir, car, en restant inactive, elle se serait enlevé tout droit à l'existence.

Mais son intervention n'était pas de nature à modifier d'une façon quelconque la situation, car la décision ne pouvait intervenir que sur le centre de la position de Tschataldscha et non sur ses ailes.

L'ouverture des préliminaires de paix est accompagnée en ce moment du son du canon retentissant dans la mer Égée. La Porte espère évidemment impressionner ainsi l'Angleterre.

Mais quoi qu'il en soit, les conséquences des opérations en Thrace ne pourront être modifiées par les événements maritimes, quand bien même ceux-ci iraient jusqu'à entraîner la destruction de la flotte grecque.

CHAPITRE XV

SOUS LES MURS D'ANDRINOPLE

—

L'antique cité d'Hadrien, bâtie sur la Maritza, a, de tous temps, été l'objectif des conquérants. Depuis 378, date de la grande victoire des Wisigoths sur l'empereur d'Orient Valens, elle a, à maintes reprises été souillée par la présence d'armées étrangères.

Ce n'est pas d'aujourd'hui qu'Andrinople participe à la lutte de la Croix contre le Croissant, dont l'antagonisme se trouve à l'origine de toutes les guerres dont les Balkans ont été le théâtre.

Placée sur la grande route qui unit l'Europe à l'Orient, elle a vu passer sous ses murs les armées des Croisés en marche sur Constantinople et la Terre Sainte. De 1189 au printemps de l'année 1190, elle a abrité dans son enceinte l'empereur Barberousse, le grand chef de la croisade.

Les Bulgares peuvent déjà s'enorgueillir d'une victoire remportée devant Andrinople, celle de 1205, par laquelle le roi Jean battait Beaudoin, empereur de Byzance.

Puis vint la domination turque. En 1361, Murad Ier débarqué en Europe à Gallipoli, enlevait Andrinople d'assaut et y établissait sa capitale jusqu'à la prise de Constantinople en 1453.

Pendant des siècles, Andrinople ne vit plus l'ennemi camper sous ses murs : les Turcs, dans l'apogée de leur splendeur, marchaient à la conquête de l'Europe.

Cette situation se prolongeait jusqu'à la fin du dix-septième siècle, qui marque le commencement de la décadence de l'Empire ottoman. Mais sa force défensive était encore telle, que plus de deux cents ans s'écoulèrent avant que l'ennemi chrétien ne pénétrât au cœur du pays. Les premiers étrangers dont les chevaux burent dans la Maritza, furent les Russes, commandés par le feld-maréchal Diebitsch-Sabakanski, ils entraient à Andrinople en 1829 et y dictaient la paix au Sultan.

Au cours de la guerre de Crimée, ce furent des alliés des Turcs, les Français qui l'occupèrent, puis, le 21 janvier 1878, ses portes s'ouvraient devant les cavaliers de Skobelew, formant l'avant-garde de l'armée russe.

La situation militaire de 1878 présente, au point de vue turc, une analogie frappante avec celle qui se déroule à l'heure actuelle. Si la Turquie est aujourd'hui mieux préparée à la guerre, son adversaire se trouve supérieur aux Russes d'il y a trente-cinq ans.

Andrinople, qui à cette époque n'était entourée que de faibles fortifications de campagne, constitue maintenant un camp retranché de premier ordre. Les expériences de la guerre de 1877-1878 ont montré aux Turcs l'importance de cette ville située au confluent de trois rivières. En outre, les modifications introduites dans la situation politique des Balkans et qui furent sanctionnées par le Traité de Berlin appelèrent l'attention de la Porte sur la nécessité de barrer, contre un adversaire débouchant de la Bulgarie nouvellement créée, la route classique d'invasion menant à la capitale. L'ensemble de ces considérations décida de la construction du camp retranché d'Andrinople, formant double tête de pont sur la Maritza.

Les défenses fixes établies à cette époque constituent à l'heure actuelle l'enceinte intérieure de la ville. Elles étaient au début au nombre de vingt-cinq, sous forme de redoutes pentagonales qui, dans la suite furent transformées en forts proprement dits. Le périmètre total atteignait 25 kilomètres. La construction ne s'effectua pas suivant un plan régulier, certains ouvrages ne furent jamais terminés, et l'armement n'atteignit pas les chiffres de la dotation prévue.

Le grand défaut de cette ligne d'ouvrages réside dans son trop grand rapprochement de la ville, qui, en raison de la portée actuelle des pièces de gros calibre, n'est plus à l'abri d'un bombardement.

Cette situation intenable frappa Abdullah Pacha qui, de 1908 à 1911, commandait le 3ᵉ corps d'armée d'Andrinople. Il entreprit de transformer la place en l'entourant d'une nouvelle ceinture d'ouvrages modernes poussés loin en avant.

Malgré la faiblesse des ressources mises dans ce but à sa disposition, Abdullah mena à bien les travaux les plus pressés. Grâce à lui, Andrinople possède aujourd'hui des ouvrages modernes, pourvus d'abris bétonnés et cuirassés, jalonnant les points les plus importants du terrain dans un rayon de 8 à 10 kilomètres de la place, qui peut ainsi offrir une résistance fort sérieuse.

Les meilleurs de ces ouvrages se trouvent sur le front nord-ouest où ils constituent le groupe dit de Cataldja, et sur le front nord-est. Les principaux forts du secteur nord-ouest portent les noms de Scheitan tabja, Hadirlik t. et Karagözt t.

Les Bulgares avaient résolu de n'opérer qu'une diversion devant Andrinople, tandis que le fort de leur attaque serait dirigé sur Kirk-Kilissé.

Ils avaient affecté à l'attaque du camp retranché la 2ᵉ armée, sous le général Iwanow, qui disposait de deux divisions. Tandis que la 8ᵉ opérerait d'une manière générale à cheval sur la Maritza, la 3ᵉ agirait de même sur les deux rives de la Tundja. Toutes deux devaient s'efforcer de rejeter les éléments avancés ennemis sous le canon des forts.

Le général Iwanow est né à Kalofer, dans la Bulgarie méridionale, le 18 février 1861. Il est sorti, en 1879, comme sous-lieutenant de l'école militaire de Sophia. La guerre contre la Serbie le trouva lieutenant, il s'y distingua et occupa ensuite une série de postes importants. Il était ministre de la Guerre dans le cabinet Stoilow, et dans cette qualité, poursuivit l'exécution des réformes entamées par son prédécesseur Ratscho Petrow. Au moment de la guerre, il était inspecteur de la 2ᵉ division qui devait, sous le nom de 2ᵉ armée, entreprendre le siège d'Andrinople.

Les troupes bulgares franchissaient la frontière le 18 octobre, et occupaient, après une lutte courte, mais énergique, la position de Kourtkalé, au sud-ouest de la station frontière turque de Mustapha Pacha. Le 19, cette dernière localité était occupée à son tour par une brigade bulgare renforcée d'un régiment de cavalerie, qui en avait chassé la garnison turque grossie d'une nombreuse cavalerie.

On ne se battit pas aux environs mêmes de Mus-

Général Iwanow

Commandant la 2e armée

tapha Pacha, si ce n'est aux abords du pont sur la Maritza, où s'engagea une très vive action à la baïonnette.

Avant de battre en retraite, les Turcs avaient endommagé le pont et la voie ferrée, qui purent être remis en état après un travail de quelques heures. Le télégraphe avait été laissé intact, et les Bulgares mirent la main sur des approvisionnements importants de vivres de tout genre, parmi lesquels 200.000 kilos d'avoine et de froment.

La 7e division, s'avançant dans la vallée de l'Arda, avait à soutenir plusieurs combats violents à Ortakoi et Simenli, à la suite desquels les avant-gardes turques furent refoulées sur Andrinople.

Les fractions turques poussées vers la frontière avaient été surprises par l'offensive brusquée des Bulgares.

Parmi les premiers prisonniers dirigés sur Stara Gora figurait le lieutenant Hussein Beg Nureddin.

Lorsque je me mis à sa recherche, il était tranquillement assis à sa fenêtre et fumait une cigarette avec un flegme tout oriental, sans que sa figure décelât ses émotions intérieures. Il me raconta comment il avait été pris :

« J'ai été fait prisonnier à Kadikoj, à 2 heures au sud de Mustapha Pacha. Nous étions là deux bataillons qui attendions l'ordre de battre en retraite. Nous pensions que l'ennemi était encore loin de la frontière. Les officiers étaient assis devant la porte du misérable cafetier de la localité quand, tout à coup, un tumulte éclata dans les rues voisines. Les coups de feu isolés, les cris de : « Hurrah ! » se rapprochaient sans cesse comme les vagues de la mer. Plus de doute, nos avant-postes avaient été enlevés, et l'ennemi arrivait ! Les Bulgares surgissaient de toutes parts, et leurs cris de victoire remplissaient l'air.

« Nous dûmes battre en retraite ; puis, après avoir reconstitué les unités, nous réussîmes à tenir ferme pendant huit heures, repoussant une série d'attaques à la baïonnette. Nous avons épuisé toutes nos munitions, et de mon bataillon il n'est resté que les trois cents hommes qui sont ici.

« Il avait fallu se rendre à un adversaire qui ne s'est pas seulement montré brave, mais qui a su encore être chevaleresque.

« Parmi les blessés se trouvaient plusieurs Anatoliens ; ils ont été versés dans un hôpital, et on leur a même assuré une nourriture spéciale. Les vainqueurs honorent notre malheur... »

Comme je me retrouvais dans la rue, je vis passer une demi-compagnie de prisonniers turcs. De beaux hommes vêtus d'une élégante tenue grise. Ils avaient l'air morne en passant devant nous. Ces cinquante hommes avaient été pris au cours de la nuit précédente, à la suite d'un combat livré dans le village, maintenant en flammes, de Tamrasch. Ils sont logés dans une caserne et vivent à un ordinaire analogue à celui des soldats bulgares.

L'offre d'un peu de tabac rendit un de ces malheureux communicatif. Je lui demandai d'où il était :

D'Anatolie.

— Pourquoi te bats-tu contre les Bulgares ?

— On m'a envoyé à la guerre contre les infidèles.

— Comment as-tu été fait prisonnier ?

— Un bimbashi (chef de bataillon) nous commandait, l'affaire a été chaude et nous n'avons pas pu avancer.

Notre commandant a été également fait prisonnier ;
mon frère a été tué...

Je lui demandai encore comment il se trouvait du
régime bulgare :

« Très bien, monsieur ! Je n'aurais pas cru que
ce pays fût aussi bien disposé. »

Un officier me racontait que les hommes tremblaient
au moment de leur capture, de crainte d'être massa-
crés. En prenant congé du soldat turc, je lui demandai si rien ne pouvait lui être agréable. Il secoua la
tête, puis ajouta : « Sois assez bon pour me donner
encore un peu de tabac ! »

Puis, brisé de fatigue, il s'allongea sur le sol.

Au cours de la nuit, un spectacle terrifiant pouvait
être vu des hauteurs au nord de la ville, sur les montagnes au sud de Philippopoli ; plusieurs villages
brûlaient. Comme des lampyres, les flammes brillaient
dans la nuit obscure. C'étaient les adieux des Turcs
battant en retraite !...

Au cours des premiers combats qui s'engagèrent
contre les positions avancées du Mustapha Pacha, les
Bulgares se battirent sous les yeux de leur Roi, qui,
accompagné des princes Boris et Cyrille ainsi que du
général Sawov, était arrivé le 18 à 11 heures du matin
en automobile, venant de Stara Gora pour aller rejoindre la 1re armée à Tirnovo-Sejinen. Après avoir
reçu le compte rendu du général Iwanov, le Roi s'en-
tretint longuement avec les généraux Sawov, Iwanov
et Petroff.

Ferdinand gagna ensuite Hermanli, puis Belica à
l'ouest d'Hebibcevo où il arrivait à 3 heures de l'après-
midi. Il pouvait des hauteurs voisines suivre les progrès des attaques contre Mustapha Pacha, repérer les

positions turques et finalement assister à leur enlèvement.

En cours de route, le Roi rencontrait le premier convoi de blessés appartenant au 23e régiment de la division de la Toudza. Ils avaient pris part à l'attaque de Kourtkalé. Le Roi leur décerna à tous l'Ordre « pour la Bravoure ».

Tous ces hommes enthousiasmés voulaient reprendre immédiatement leur place au combat.

Au retour, le Roi installa un blessé dans son automobile et le conduisit à l'hôpital de campagne de Stara Gora.

Au cours des journées suivantes, une série de combats longs et sanglants faisait tomber les positions turques de Tschermen, et les Bulgares continuaient l'attaque des avancées d'Andrinople sur les fronts nord et ouest.

La 3e division, descendant à cheval sur les deux rives de la Tundja, marchait avec sa droite sur la cote 130 à l'ouest d'Havaras (carte au 1/200000 de l'État-major autrichien), avec son centre sur Arnautkoj, à l'est de la Toundja, avec sa gauche venant du nord-est sur Musubejli, le long de la route Kirk-Kilissé—Andrinople.

Simultanément, à l'ouest, la 8e division attaquait par Kadinkoj, au sud de la cote 125, les positions turques établies près de la route et de la hauteur de Cataldja.

Au sud de la Maritza, les éléments de la 2e division, venant de Sederli, attaquaient les avant-gardes turques dans la vallée de l'Arda et les refoulaient sur Andrinople.

Les Bulgares franchirent les bancs de sable de

L'ARTILLERIE DE SIÈGE ALLANT PRENDRE POSITION DEVANT ANDRINOPLE
SUR LES HAUTEURS DE KAMAL

LE TSAR ET SON ÉTAT-MAJOR ÉTUDIANT LA CARTE SUR UNE COLLINE
DEVANT ANDRINOPLE

l'Arda et, passant au nord de Simenli, s'avancèrent sur Doudzaras.

Cette offensive soudaine, exécutée avec un élan extraordinaire, sema la panique parmi les Turcs qui, laissant plus de 100 morts et 160 prisonniers sur le terrain, se retiraient en désordre sur Andrinople. Le 23, dès la pointe du jour, la lutte reprenait sur tout le front.

La 3e division s'empara de plusieurs ouvrages avancés de la place et gagna, elle aussi, du terrain vers la forteresse. Le détachement de l'Arda arriva jusqu'à Tscörekkoj, à 4 kilomètres de la station d'Andrinople.

Vers 11 heures, les Turcs entreprirent une contre-attaque très énergique dirigée vers le nord-est dans la direction générale d'Arnautkoj. Bien qu'ils fussent soutenus vigoureusement par l'artillerie des forts, ils durent rétrograder avec des pertes énormes. Leur retraite précipitée entraîna également la garnison de plusieurs ouvrages avancés.

Les Bulgares poursuivirent sur toute l'étendue du front, sans que le feu violent des forts pût arrêter leur élan.

L'attaque menée au même moment sur les ouvrages situés près de la Ferme à l'ouest d'Arnautkoj au bord de la Toundja ainsi que sur le fort de Kajahtabja, se termina, après une lutte très dure, par l'enlèvement de ces ouvrages.

La nuit seule interrompit la lutte qui, à ce moment, avait dégénéré en duel d'artillerie.

Tandis que ces événements se déroulaient, une très forte colonne suivait la rive droite de la Maritza et atteignait, au prix de sanglants efforts, les positions de Jurus et de Kurjuli au pied des pentes ouest de Marasch. Ce détachement, qui opérait en liaison avec celui de l'Arda, fut chargé, conjointement avec ce dernier, de réaliser l'investissement d'Andrinople sur le front Sud-Ouest, dans la boucle de la Maritza, puis d'établir les communications au sud de Bosnakoj, avec les éléments assurant l'investissement sur la rive orientale de la Maritza.

Par cette série d'opérations, les Bulgares étaient parvenus à portée immédiate de la ligne principale des forts, et trois ouvrages avancés étaient tombés entre leurs mains.

A la suite des succès du 22 et 23 octobre, qui avaient permis de refouler sur la ligne principale de défense les troupes turques occupant les front Ouest et Nord de la place, depuis l'Arda jusqu'à la route de Kirk-Kilissé, le général Iwanow se résolut à resserrer l'investissement en même temps qu'il le compléterait au sud pour couper les communications de la place avec Constantinople.

La ligne d'investissement, renforcée par des travaux de fortification passagère, commençait dans le secteur au nord de la Maritza, au sud-ouest de Kadinkoj. Elle se prolongeait de là vers le nord par la hauteur voisine de la Ferme et Tschiflik Ekmektschikoj; puis vers l'est par les hauteurs d'Havaras, pour gagner ensuite la Toundja. Au delà de la Toundja, la ligne bulgare s'étendait d'une manière générale au nord de Pravodisnica, à environ 1 kilomètre au nord d'Arnautkoj, d'où elle s'infléchissait vers le sud-est jusqu'à Musubejli sur la route de Kirk-Kilissé.

Le 24, les Turcs tentèrent une sortie dans la direction d'Arnautkoj. Elle échoua comme la précédente et leur causa des pertes importantes.

Afin de compléter l'investissement sur le front Est, un détachement appartenant à la 1re armée fut envoyé après la bataille de Kirk-Kilissé par Provodija-Gadera sur Musubejli, pour interdire les communications de la place avec l'armée turque par la grand'route de Constantinople.

Le 28 octobre, le haut commandement bulgare, recevant sur la situation des approvisionnements d'Andrinople des renseignements lui faisait connaître que les vivres étaient rares, ce qui, par la suite, fut reconnu inexact, décida de ne pas exposer les troupes aux pertes qu'entraînerait inévitablement une attaque de vive force, et de se borner à investir la place plus étroitement encore.

Cette décision avait pour base une idée absolument juste, à savoir que la décision devait être obtenue en rase campagne et que les forces inutilement sacrifiées à l'assaut d'Andrinople seraient beaucoup mieux employées à renforcer les armées d'opération.

Quoi qu'il en soit, malgré le changement de tactique, les combats livrés autour d'Andrinople n'ont rien perdu de leur vigueur première.

Le bombardement commença dans la nuit du 28 octobre. Effectué des hauteurs voisines de la ferme Ekmekoikoj, avec des pièces de siège Krupp, il était dirigé sur les ouvrages modernes du front Nord-Ouest, Scheitan-Tabia, Karagios, Biondcha et Kuruddschesme.

J'ai déjà dit que ces forts étaient les meilleurs de tout le camp retranché; ils possèdent des abris en béton à l'épreuve et des cuirassements, leur armement est bon.

Le bombardement se poursuivit jusqu'au 29; interrompu pendant une heure, vers 9h 30 du matin, il reprit ensuite. Ses effets furent considérables, tandis que le feu des Turcs restait inefficace.

Les jours et les nuits que j'ai passés devant Andrinople ont été extrêmement intéressants pour moi.

J'ai souvent habité les camps, soit aux manœuvres, soit au moment d'incidents aux frontières de Bosnie, du Monténégro ou d'Albanie. Mais le fait de dormir en plein air au bruit du canon a quelque chose d'impressionnant.

L'odeur de la poudre éveille des sentiments particuliers. Mais aujourd'hui il ne pouvait être question de dormir. J'allais et venais, cherchant à me renseigner, au milieu des hommes appartenant à la 10e division nouvellement mise sur pied et qui étaient épuisés par les fatigues de la marche qui les avait amenés de Mustapha-Pacha jusqu'ici.

Nous étions environnés de fourgons et de feux de bivouac dont les fumées montaient droit vers le ciel, ce qui pouvait être envisagé comme un présage heureux. On entendait, sur la route conduisant à Andrinople, le grondement continu produit par le passage des troupes et des canons.

Près de moi, un homme déjà âgé s'approcha d'un feu, portant sur son dos un fardeau qui paraissait lourd. C'était un jeune soldat qu'il installa soigneusement près du foyer, et qui, écrasé par la roue d'une voiture, avait le crâne fracassé. Le malheureux était déjà sans connaissance. Sur un appel, deux ou trois hommes se levèrent et portèrent le moribond au médecin qui bivouaquait environ à 150 pas de là. Mais, appelé à l'ambulance où la besogne ne manquait pas, il n'était pas encore revenu. Il n'y avait du reste rien à faire.

On me montra, près d'un autre feu, un homme accroupi qui semblait fixer la flamme avec des yeux égarés. Il ne vivait plus. Une embolie avait dû avoir raison de cet organisme affaibli, et ses camarades l'avaient laissé sur place.

La mort a dû frapper ici à coups redoublés, beaucoup d'hommes n'ont pu supporter les fatigues des marches, et la dysenterie, elle aussi, a fait de nombreuses victimes. Il faut en chercher la cause dans la nécessité de passer dehors des nuits déjà fraîches.

D'une manière générale, la nuit se passa tranquillement, elle ne fut troublée que par quelques coups de feu isolés, tirés sans doute aux avant-postes.

Le froid était devenu plus vif, personne n'était resté éveillé pour entretenir le feu, je grelottais dans mon vêtement de fourrure. Enfin, le jour parut.

C'est ainsi que se passa ma première nuit sous les armes. Une rasade de vin rouge, préservatif de la dysenterie et un morceau de pain, voilà mon déjeuner. Pain et vin proviennent des provisions achetées à Mustapha-Pacha.

Devant moi, s'étendent les alluvions de la Maritza, couvertes de bruyères et de taillis. Sur la route, on devine, dans le brouillard du matin, les silhouettes du torrent humain qui se déverse sans interruption vers Andrinople.

En face de l'île, des fourneaux de cuisine et des chevaux qui mâchent leur avoine. Partout le calme de la paix. La journée promet d'être chaude et belle. On me montre, de l'autre côté de la Maritza, les ruines de Jurusch. Il faut beaucoup d'attention pour repérer ce village brûlé autour duquel tant de sang fut versé. Nous avançons sur la route qui porte de plus en plus l'empreinte de la situation: des traînards passent, se hâtant vers le front; parmi eux des blessés, la tête ou le bras bandés, qui veulent reprendre leur place au feu. A gauche, dans le fossé, des roues brisées, des équipements, les cadavres de plusieurs buffles. Plus loin, quelques cavaliers débouchent d'une pente boisée, une patrouille sans doute. A droite, une prairie qui paraît marécageuse semble piétinée, elle a dû être le théâtre d'une lutte sans merci. Un vol épais de corbeaux se lève. Les nuages se sont petit à petit dissipés, le soleil matinal commence à briller.

La beauté idyllique du paysage et les souvenirs historiques que ce coin de terre éveille me font tressaillir d'émotion. Mais un coup de canon me rappelle à la réalité, c'est le salut matinal de Schukri Pacha au général Iwanow. La réponse ne se fait pas attendre, et déchaîne une canonnade dont il devient impossible d'apprécier la direction. Les troupes qui passent entonnent un chant guerrier au rythme sauvage. Elles sont déjà loin, et ne tarderont pas à se déployer là-bas, derrière Kadinkoj. La journée sanglante est commencée.

Sur ces entrefaites, l'infanterie bulgare s'était portée en avant dans la direction de Marasch, tandis qu'un fort détachement s'avançait de Doudzaros-Cerekkoj sur Karagac.

Les abords de Marasch, complètement dominés par le feu des forts et dont toute la végétation a été rasée par les obus, furent, à la fin de la journée, le théâtre d'un combat extrêmement violent, dont les chances furent diverses. Les Turcs, dont le nombre augmentait sans cesse, se montrèrent très entreprenants. Cet engagement fut un des plus meurtriers que les Bulgares aient eu à soutenir devant Andrinople.

Nous ne courions aucun danger à l'endroit d'où nous observions le combat, abrités que nous étions par un fossé bordé d'arbres dans lequel coulait un filet d'eau.

A environ 80 pas sur la droite, un détachement d'infanterie, fort d'environ un bataillon et demi, était couché. Il paraissait constituer une réserve de régiment. Rien ne se montrait en avant, et il fallait l'aide des jumelles pour découvrir au loin la mince ligne sombre formée par les tirailleurs.

Mais au premier moment, en levant la tête au-dessus du couvert, je ne voyais rien. C'est ainsi que les débutants assisteront aux combats de l'avenir. On entendait bien le son d'une vive fusillade, toutefois aucune balle ne passait au-dessus de notre fossé. Mais la situation ne devait pas tarder à devenir sérieuse. Le combat paraissait complètement engagé sur tout le front. Le feu se faisait entendre de toutes parts, dominé par le crépitement énervant des mitrailleuses. Le son plus grave du canon formait la basse, mais il paraissait venir d'assez loin. Tout à coup des paquets de terre se soulèvent à notre droite, il semble que l'artillerie soit en train de régler son tir sur les réserves. Derrière nous passent des blessés portés sur des brancards. D'où viennent-ils, où vont-ils ? Proviennent-ils de la réserve voisine ? Mais la vue s'étend, l'œil s'habitue au terrain. Une longue ligne noire s'élève, c'est l'ennemi, ce sont les Turcs. Un bond les porte en avant. Leur artillerie fait rage. Les batteries bulgares doivent être plus à droite. La réserve couchée près de nous se lève, se déploie et se porte en avant. Il faut enrayer l'offensive ennemie. Visiblement les Bulgares refoulent devant eux la gauche turque. Mais le centre tient ferme et, de ce côté, on ne voit qu'un fourmillement d'hommes. Les soutiens bulgares renforcent les vides de la chaîne.

Les deux adversaires sont au corps-à-corps. Les deux lignes avancent ou reculent tour à tour au milieu de cris assourdissants, que le vent apporte jusqu'à nous. Les lignes bulgares deviennent de plus en plus denses, elles se lèvent et se portent en avant. Les Turcs paraissent trop faibles pour résister à la poussée, leur offensive semble inefficace. Leurs lignes reculent en bon ordre vers les ruines de Marasch. D'après les dires des blessés, les morts entassés près du village formaient une couche de 2 mètres de haut. Même le tir à mitraille ne détermina pas la retraite des Nizams. Le nombre des morts témoigne de l'acharnement de la lutte.

L'élan des Bulgares faiblissait, eux aussi étaient épuisés.

La fusillade se faisait encore entendre dans le lointain.

Les blessés qui arrivaient à ce moment donnaient de poignants détails sur les incidents de cette série d'assauts. La lutte avait pris un caractère de sauvage boucherie, au cours de laquelle, jetant leurs armes, les adversaires s'étreignaient corps à corps. La folie du sang entraînait à des horreurs sans nom. L'humanité revenait à la bestialité ancestrale. Malheur à quiconque tombait aux mains des Turcs....

A la chute du jour, le vide du champ de bataille s'était accentué, la fusillade cessait enfin et un silence absolu régna.

Vers l'est, de l'autre côté de la Maritza, le feu persistait encore, l'Ange Exterminateur n'avaient pas encore fait suffisamment de victimes...

L'aurore devant Andrinople

La bataille avait commencé vers 10 heures du matin. Je l'avais observée pendant plus de quatre heures.

Les troupes bulgares avaient combattu avec le plus admirable mépris de la mort et le plus indomptable courage ; et ces éloges ne s'appliquent pas uniquement aux forces actives, mais bien également aux 10e et 11e divisions, nouvellement formées et qui étaient venues remplacer les troupes de ligne envoyées au secours de l'armée de l'Est. Ces recrues recevaient aujourd'hui le baptême du feu.

Dans la nuit du 29 au 30, les Turcs voulurent prendre leur revanche, en tentant une sortie avec deux divisions dans la direction de Tschiflik Ekmektschikoj. Mais l'intervention de fractions de la 3e division les rejeta sur la place.

Comme les Bulgares estimaient nécessaire de renforcer leur armée de campagne, ils firent appel, à la fin d'octobre, à deux divisions serbes, celle du Timok et celle du Danube, qui, sous le général Stepanovic, vinrent prendre part au siège, qui était assuré dorénavant par 4 divisions, 2 serbes et 2 bulgares de réserve. L'artillerie de siège reçut également l'appoint de matériel lourd emprunté à la Serbie.

Au commencement de novembre la ligne d'investissement s'était complètement refermée par l'occupation de Skenderkoj, et d'Emirler, localités situées respectivement sur les fronts Sud-Est et Sud-Ouest.

La main mise sur Demotika couvrait l'investissement contre une offensive éventuelle débouchant du sud.

Tandis que le commandement bulgare escomptait la chute prochaine de la place, sa garnison, au contraire, semblait animée d'un courage inébranlable.

Les Turcs effectuèrent plusieurs sorties dans le courant du mois de novembre, Marasch était le théâtre de combats presque journaliers. De leur côté, les assiégeants redoublaient d'efforts : ils parvenaient, le 6 novembre, à s'emparer de deux ouvrages permanents du front Sud-Est.

L'affaire se déroula dans la nuit du 7 au 8. Après un feu d'artillerie épouvantable, une brigade, suivie de réserves, se lança à l'assaut des ouvrages de Kartaltepe et de Papaztepe. Malgré les projecteurs turcs et la grêle de projectiles, l'infanterie bulgare réussit à s'emparer des deux forts. Immédiatement soutenus par l'arrivée de leurs réserves ainsi que par des batteries accourant à vive allure, les Bulgares demeurèrent définitivement en possession de leurs conquêtes dont les fronts de gorge furent immédiatement armés.

L'ouvrage de Kartaltepe, surtout, constituait une défense de premier ordre. Établi sur une hauteur de 143 mètres de haut, il domine la ville et les ouvrages envoisinants.

Malgré ce succès et les ravages exercés, tant parmi la garnison que dans la population par le typhus, que les prisonniers déclaraient avoir éclaté dans la ville, la capitulation, attendue d'heure en heure par les Bulgares, ne se produisit pas. Bien au contraire, la garnison manifestait une activité de plus en plus intense. Il ne se passait presque pas de jour que les Turcs ne fissent de petites sorties qui, en mettant continuellement les troupes d'investissement en mouvement, rendaient leur situation de plus en plus difficile. Tandis que les Serbes se bornaient à une défensive passive, les Bulgares répondaient aux sorties par des contre-attaques. Ils n'hésitaient pas non plus à agir offensivement contre les lignes de défense qui avaient pris une extension considérable.

Le commandant turc Nahil Bey, fait prisonnier au cours d'une de ces sorties, après avoir été blessé à la poitrine par un éclat d'obus, me fit le récit suivant :

« Je commandais la réserve lors de la dernière sortie débouchant du fort Karagjutabja et ayant pour objectif les positions d'artillerie bulgare de Tschiflik Ekmektshikoj. Le tir des grosses pièces bulgares contre la ville n'était plus supportable depuis quelques jours. Les gros projectiles ne cessaient d'éclater autour de nous, et les abords de nos tranchées étaient comme labourés par une charrue de géants. Notre artillerie ne réussissait pas à prendre la supériorité du feu et, dans ces conditions, nous n'avions qu'à assister, désarmés et impuissants, aux ravages occasionnés par l'artillerie ennemie. Aussi une attaque de nuit fut-elle décidée.

« Dans le courant de l'après-midi, nous fîmes une démonstration du côté de Marasch, elle se prolongea jusqu'à la nuit. En même temps, 14 bataillons se préparaient à déboucher de Karagjus pour attaquer la position bulgare.

« La nuit était très noire, l'ouragan hurlait au-dessus du fort. La journée n'avait pas non plus été belle, et nos hommes avaient passé l'après-midi, accroupis dans les tranchées inondées et boueuses, attendant le signal. Deux fois déjà, le signal de se porter en avant avait été donné, puis chaque fois un contre-ordre l'avait suivi. Ce ne fut pas sans peine que nos officiers réussirent à contenir les hommes qui murmuraient; depuis deux jours ils n'avaient touché que du biscuit arrosé d'eau chaude, et la raison de ces contre-ordres successifs leur échappait. Lorsque, pour la troisième fois, l'ordre de se porter en avant fut définitivement donné, les hommes en avaient déjà assez. Je vis plusieurs compagnies, sourdes aux injonctions de leurs chefs, rester couchées et se refuser à marcher. Seule, l'intervention de deux imans (ministres du culte, N. d. T.), réussit à avoir raison de leur inertie.

« Le mouvement en avant commença vers 9 heures. Tandis que sur le front Ouest les projecteurs inondaient le terrain de leurs éblouissantes clartés, nous marchions en avant, couverts par l'obscurité la plus complète. Au bout d'une heure, on se heurtait aux avant-postes bulgares. Tout d'abord, il y eut une série de coups de feu isolés, partant de toutes les directions. Puis tout à coup, comme si la terre faisait explosion, une longue ligne de feux se déchaîna devant nous, tandis que l'artillerie appuyait l'action de son infanterie. Les premiers coups furent pour nous. Ce combat de nuit fut atroce. Au bruit strident des mitrailleuses se mêlait la voix des canons.

« Comme nous n'avions aucun renseignement sur la force et la direction de l'ennemi, des compagnies entières se perdirent sur ce terrain inconnu et difficile, parsemé de tranchées et d'obstacles de tout genre. Nos réserves s'avançaient au hasard, sans savoir au juste où était l'ennemi. Pour se guider, on n'avait que l'éclair fugitif des coups de fusil. On ne savait plus sur qui on tirait. Et les batteries bulgares ne cessaient de déverser la mort dans nos rangs...

« Deux heures plus tard, entassés dans un désordre complet, nous étions en pleine retraite, quand retentirent les hurrahs de l'ennemi, nous assaillant de droite et de gauche à la fois. Les minutes qui suivirent furent atroces ! On aurait dit que tous les esprits infernaux étaient déchaînés contre nous. Je me trouvais au milieu d'un groupe sur une petite levée de terre, quand des obus éclatèrent autour de nous. Je sentis quelque chose de chaud à la poitrine, je fis quelques pas encore et je ne sais plus... Lorsque je revins à moi, j'étais prisonnier. On m'a traité convenablement suivant mon rang. »

Le commandant se montra très réservé sur la situation de la ville. Lorsque je lui eus montré sur la carte la victorieuse avance des Bulgares, il se montra surpris et me dit qu'on lui avait dit exactement le contraire.

D'après les renseignements officiels, Mukthar Pacha était victorieux et marchait sur Kirk-Kilissé, Andrinople devait s'attendre à être bientôt débloquée, et aussitôt après l'armée turque comptait marcher sur Philippopoli.

Le pauvre Turc n'arrivait pas à comprendre pourquoi le malheur s'était abattu sur son pays. « Allah, disait-il, nous a abandonnés, voilà le châtiment de nos péchés. »

La garnison d'Andrinople ne se bornait pas à inquiéter les assiégeants ; à plusieurs reprises, elle entreprit de grandes sorties. Une de celles-ci eut lieu le 11 novembre, sur Ekmelikoj, sur le front Nord-Ouest ; une autre, effectuée le 20, avait pour objectif la reprise du fort Kartaltepe.

Mais ce fut surtout le 22 novembre que la garnison fit preuve d'une énergie remarquable en effectuant une sortie générale qui ne fut repoussée qu'à la suite d'une lutte commencée à 4 heures du matin et terminée à la nuit tombante.

Les grandes pertes subies n'empêchèrent pas les Turcs de renouveler leur effort le 24, en face du secteur Sud.

Cette énergie est d'autant plus remarquable que le

choléra sévit dans Andrinople, comme du reste aussi dans les environs.

Immédiatement avant la conclusion de l'armistice, les assaillants tentèrent encore une fois une offensive générale qui, comme les précédentes, demeura sans résultat.

Le sort d'Andrinople constituera le plus difficile des problèmes que les négociateurs de la paix auront à résoudre.

La Turquie fera valoir que les Bulgares n'ont pas réussi à prendre la ville, tandis que ceux-ci ne manqueront pas d'objecter que la place, étroitement cernée, doit infailliblement tomber entre leurs mains, et que, dans ces conditions, elle leur appartient déjà virtuellement.

En tout état de cause, le gouverneur d'Andrinople, Chukri Pacha, auquel le Sultan vient de décerner le titre de « Ghazi » — le Victorieux — aura bien mérité de sa patrie. Son héroïque défense a sauvé l'honneur des armes ottomanes et les belles troupes qu'il commande ont su se montrer les égales de leurs héroïques adversaires.

Depuis les premières attaques dirigées contre ses défenses extérieures, Andrinople a résisté six semaines. Cet effort paraît faible, quand on le compare à celui dont Port-Arthur donna le spectacle en résistant pendant plus de six mois. Mais il faut tenir compte de l'état lamentable dans lequel se trouvaient les armées turques, et, comparée à la précipitation avec laquelle les garnisons de Macédoine capitulèrent, la résistance d'Andrinople constitue un remarquable exemple d'énergie militaire.

CHAPITRE XVI

UN AVIATEUR AU-DESSUS D'ANDRINOPLE

———

Il peut être intéressant, en raison des contradictions qui ont été relevées dans l'appréciation des services rendus par l'aviation au cours de la guerre des Balkans, de contrôler ceux-ci à l'aide du récit, fait par l'aviateur russe Timothei Effimow, du vol qu'il a effectué au-dessus d'Andrinople.

« Le 18 octobre marque une date dans mon existence d'aviateur militaire. J'étais à Mustapha-Pacha. Le temps était calme et chaud, rien ne pouvait faire croire que l'on fût en automne. Nous travaillions tous à mettre l'appareil en état. Tandis que l'un remontait le moteur, l'autre assemblait le reste.

« Les correspondants russes étaient présents.

« Le général se promenait pensivement autour de l'appareil. Il échangeait de temps en temps une parole avec nos compatriotes. Toute cette réunion était familiale et sans prétentions. Il était 9 heures du matin. Le général consulta longtemps sa carte en pesant soigneusement toutes les chances qu'une reconnaissance pouvait avoir.

« Il me proposa alors de survoler Andrinople pour reconnaître la situation de la ville et pour y faire parvenir une proclamation, en langue turque, aux termes de laquelle les habitants étaient assurés d'être bien traités si la place consentait à se rendre.

« Le général Jankow pria M. Brischkor Breschkowski de joindre ses efforts aux siens pour me décider à voler.

« Bien que je ne fusse pas prêt et que mes lunettes me fissent défaut, j'acceptai. Les deux Blériot étaient endommagés. J'avais souvent pratiqué l'un, l'autre m'était complètement inconnu. Après un court examen, je me décidai à me servir de l'« ancien ». La réparation terminée, et après m'être assuré que le fidèle compagnon qui m'avait tant de fois porté déjà était en état, je pris mon poste.

« Un adieu bref et me voilà parti, montant immédiatement de plus en plus haut.

« Au départ, l'appareil roule légèrement, comme s'il eût voulu me bercer au sein des airs. Plus je m'élève, et moins je sens le courant d'air. Les monts, les forêts et les maisons singulières disparaissent derrière moi. Bientôt, je vois dans le lointain les tentes de l'armée bulgare et une masse de petits points, les soldats. Mon appareil est vieux, il ne donne guère, je consulte le baromètre, je ne suis qu'à 600 mètres.

« Je suis inquiet à l'idée de ne pouvoir monter suffisamment pour n'avoir rien à craindre. Tous mes efforts pour gagner en hauteur sont vains, le baromètre ne varie pas. La patience m'abandonne, mon ami ne veut pas se conformer à mes désirs.

« Furieux, je renonce à examiner le baromètre dont je cherche à oublier la présence. Je m'installe commodément et contemple le merveilleux spectacle. Les tentes et les ouvrages forment de petits groupes distincts, parmi lesquels les canons se distinguent nettement. Tout cela semble si joli, si correctement aligné; le paysage qui se déroule sous mes yeux est tellement superbe, que mon sentiment de quiétude tend à se transformer en somnolence. Mon imagination évoque alors d'effroyables images. Les coups de feu, les canons et les obus sèment la mort au sein de toute cette splendeur. De toutes parts retentissent les cris et les hurlements des blessés, les prières et les imprécations. C'est ici que se jouent les destinées des États. Le monde entier suit les mouvements des deux adversaires. Mais, pour moi, aucun de ces bruits n'arrive à mon oreille; le travail du moteur et le sifflement du vent les couvrent. Tout ce que je vois me paraît un jeu.

« Mais voilà sans doute Andrinople ! Je vois la rivière qui traverse la ville; les forts, les casernes turques, les tentes sont à mes pieds. Encore 5 kilomètres; le baromètre accuse 900 mètres. Une pareille altitude est bien dangereuse encore. Je reviens en arrière, repassant au-dessus des travaux bulgares, et, en quarante minutes, j'atteins 1.300 mètres. La patience m'échappe ! Le « vieux » refuse décidément de monter. Je me décide à survoler Andrinople en me tenant latéralement à 3 kilomètres. J'entame mon vol circulaire en laissant la ville à gauche et me rapproche petit à petit des forts. Je passe au-dessus d'une grande cour entourée de casernes; beaucoup de soldats me mettent en joue, je vois la fumée s'échappant des fusils. Ils tirent, mais je suis déjà loin. Les Turcs escomptent ma chute, dont ils se réjouissent à l'avance. Les coups de feu ont cessé, d'autres m'accueillent un peu plus loin; mais je poursuis ma route sans obstacles, je suis trop loin. Une pensée me vient, qui me donne de l'inquiétude : qu'arriverait-il si le moteur cessait de fonctionner ? Je l'examine en pensée et me demande par où il péchera. Mais tout est en ordre, je m'en suis assuré avant de partir. Je domine maintenant l'extrémité opposée de la ville.

« Voilà le moment le plus dangereux ! Il faut que je traverse la ville pour lancer mes proclamations. Je me prépare. En ligne droite, je pique sur Andrinople dont je m'approche rapidement. Les maisons ont des toits verts. Voilà les mosquées !

« Je saisis, dans ma poche, un paquet de proclamations et le lance. Les papiers demeurent un instant réunis, puis ils se séparent. La fusillade recommence. L'aile droite est percée d'une balle. J'incline l'appareil de 5° pour obtenir une vitesse plus grande. Je lance mon second et mon troisième paquet, et fais changer de direction à l'avion. Une seconde balle a percé l'aile droite à 5o centimètres de mon siège. Je regrette de ne pas avoir de bombes pour répondre à cette fusillade intempestive. J'en prendrai la prochaine fois. De la zone turque s'élève une fumée, sans doute l'éclatement d'un obus. Plus tard, je pus constater que la partie inférieure de l'aile gauche avait été touchée. Je vis ensuite trois coups de canon partir des batteries bulgares.

« Une fois revenu au-dessus du terrain bulgare, je me sentis moins en danger.

« Vingt minutes plus tard, je touchais terre de nouveau à Mustapha-Pacha. »

CHAPITRE XVII

LA CAPTURE DE JAWER PACHA

On trouve dans le *Mir* (Journal bulgare, Note du Traducteur) un intéressant exposé des brillantes opérations de la 2ᵉ division bulgare qui pénétra en Thrace occidentale, par Kirdzali, pour couvrir le flanc et les derrières de l'armée qui investissait Andrinople, et qui, par la suite, captura Jawer Pacha avec deux divisions.

« 'Comme on l'a appris, nos troupes battirent les Turcs à Kirdzali et s'emparèrent de la ville.

« La retraite de l'ennemi s'effectua sur Gjumurdzin, où vinrent lentement affluer les débris des forces turques.

« L'ensemble des forces ainsi reconstituées représentait une masse de 20.000 hommes qui constituait un danger pour notre ligne de communication, ainsi que pour les troupes investissant Andrinople.

« Notre armée entama la poursuite en se portant de Kirdzali sur Gjumurdzin et Dedeagatsch. Une autre colonne, renforcée par de la cavalerie, suivait la rive droite de la Maritza pour couper à l'adversaire la retraite sur Gallipoli.

« Le 9 novembre, nos troupes, qui suivaient la rive droite de la Maritza, prenaient contact avec l'ennemi en retraite aux environs de Dedeagatsch; elles le battaient au cours de la nuit et s'emparaient de la ville.

« Le 11, sur la nouvelle qu'environ 4.000 à 5.000 Turcs s'avançaient de Gjumurdzin, nos troupes se dirigèrent sur Bedekli, tandis que notre cavalerie demeurait à Ferredjick pour observer l'ennemi. On savait également que nos troupes s'avançaient de Kirdzali sur Mastakli, où l'ennemi avait deux bataillons de Bachi-Bozouks de Nizam, une batterie de montagne à tir rapide et deux mitrailleuses.

« Une vigoureuse attaque obligea les Turcs à se retirer en désordre sur Gjumurdzin.

« Au cours de cette fuite désordonnée, l'ennemi abandonna une quantité de munitions et de vivres; rien qu'au village de Bagtaschlar, sur l'emplacement d'un bivouac, on trouva 70 quintaux de vivres.

« Le 9 novembre, nos troupes livraient combat devant Gjumurdzin; grâce au chemin de fer, les Turcs réussissaient à gagner la station de Ferredjick où ils laissèrent une arrière-garde.

« La poursuite continua; à Ferredjick, les Bulgares entrèrent en contact avec leur cavalerie qui avait suivi la rive gauche de la Maritza.

« Toujours poursuivis, les Turcs évacuant Ferredjick, prirent position au nord du village de Merahamli.

« Le 13, la lutte s'engagea par un violent feu d'artillerie qui se prolongea jusqu'à 2 heures de l'après-midi. Sous les effets de cette canonnade, les Turcs arborèrent le drapeau blanc et envoyèrent des parlementaires. Mais, comme toujours, ils élevèrent des prétentions inadmissibles. Le lendemain notre feu reprit, poursuivant son œuvre de destruction. Le 15, se rendant compte de leur situation désespérée, les Turcs se rendirent sans conditions.

Le général Vetschoff interroge a Stara-Zagora des officiers turcs prisonniers

« L'effectif des prisonniers s'éleva à 15.000 hommes, 265 officiers supérieurs, le commandant du corps d'armée de Kirdzaki, Mehmed Jawer Pacha, son chef d'état-major, le commandant d'état-major Hamdi Bey ; les deux généraux de division, les colonels Fasil Bey et Emeuf Bey, étaient parmi les prisonniers. On prit encore 8 pièces de montagne, 2 mitrailleuses, 1.500 chevaux, beaucoup de munitions et d'objets d'équipement, enfin 400 wagons et 8 locomotives.

« Jawer Pacha, son chef d'état-major et les deux divisionnaires furent seuls conduits à Kirk-Kilissé, le reste fut dirigé par Mustapha Pacha sur les villes du nord de la Bulgarie.

« Un logement convenable fut assigné, à Kirk-Kilissé, au Pacha et au Bey.

« Le lendemain de son arrivée, le général turc était conduit au Grand Quartier général en automobile et présenté au chef du bureau des opérations, colonel Neresoff, qui le reçut très aimablement. Le Pacha manifesta sa satisfaction au sujet de la réception gracieuse que lui avaient faite les Bulgares.

« Le Pacha attirait sur son passage les regards de tous. Le général turc est de belle prestance et il fait une bonne impression. Ses compagnons paraissent suffisamment intelligents, surtout Fasil Bey ancien élève des écoles allemandes, ayant épousé une Allemande et qui parle fort bien l'allemand. Il paraît que le Pacha ignorait le sort des autres forces turques et, lorsque nos officiers le mirent au courant de la situation, il soupira en disant : « Je me félicite d'avoir été le dernier à me faire prendre. »

« Jawer Pacha fut également présenté à S. M. le Tsar, qui lui parla avec bienveillance. Sa Majesté autorisa les officiers turcs à conserver leurs sabres. Ces officiers ont exprimé le désir d'être dirigés sur Sophia, ce qui s'effectuera demain.

Deux lettres très intéressantes.

« Il importe de savoir ce que pensent et disent les officiers supérieurs turcs faits prisonniers, et à connaître ce qu'eux-mêmes ont appris de la situation. Il y a d'autant plus d'intérêt à être fixé à cet égard, qu'un certain nombre de journaux européens ont prétendu que nos prisonniers étaient maltraités par nous. Des lignes qui vont suivre sortira la preuve que nous autres Bulgares nous ne sommes pas des barbares, comme le soutiennent certains journaux allemands turcophiles, la *Gazette de Voss* par exemple, qui n'a pourtant aucune preuve à fournir pour justifier ses calomnies. »

Lettre de Javer Pacha à sa femme

CHÈRE FEMME,

Ne vous inquiétez pas sur mon sort. Grâce à Dieu, je suis sain et sauf et en bonne santé. Mais la Providence a voulu que au lieu de tomber glorieusement sur le champ de bataille, je doive me rendre et être fait prisonnier.

J'ai été présenté hier au roi des Bulgares, qui m'a très convenablement reçu. Le souverain, désireux de rendre hommage à notre conduite, m'a autorisé, ainsi que les officiers qui sont avec moi, à conserver nos épées. Je n'aurais jamais cru que les officiers bulgares nous recevraient aussi sympathiquement. Les prévenances dont nous sommes l'objet effacent jusqu'au souvenir des souffrances passées.

J'embrasse en pensée les beaux yeux de ma fille Zia et mon

fils Fakri. J'apprends qu'il règne de vos côtés beaucoup de maladies. Les enfants feront donc bien de ne pas courir partout et de veiller à leur nourriture.

Encore une fois, ne soyez pas inquiète de mon sort. Dans quelques jours, je partirai pour Sophia et ne manquerai pas de vous écrire une fois arrivé.

JAWER PACHA, général de brigade.

Lettre de Fasil Bey à sa femme (écrite en allemand)

CHÈRE FEMME,

Je suis à Kirk-Cilissé. Tu as déjà appris, par la lettre que je t'ai envoyée d'un village, que j'étais prisonnier.

Nous ne savons pas encore combien de temps nous resterons ici. On nous conduira sans doute à Sophia. Je suis ici avec le général. Les officiers bulgares nous traitent fort convenablement, ce à quoi nous ne nous attendions guère. Il n'y a aucun danger pour moi. Je vous prie d'écrire à maman que je vais bien.

J'ai encore de l'argent, lorsque j'en manquerai, j'en demanderai au général. Du reste, il est probable que le gouvernement bulgare nous allouera un traitement. Si vous avez besoin de quelque chose, demandez-le à l'oncle.

J'ai entendu parler de maladies, je vous prie, faites attention et conservez-vous en bonne santé. Ma chère et unique femme, je n'ai plus maintenant aucune préoccupation. La période des dangers est à peu près passée. Je puis donc songer uniquement à vous et à nos chers enfants. J'espère que la paix ne tardera pas. Je vous donnerai mon adresse dès que nous serons arrivés en Bulgarie. Nous espérons être envoyés à Sophia.

Faites, je vous prie, mes amitiés à votre mère dont je baise les mains. Que deviennent Aalilie et Husinie, sont-elles en bonne santé? Embrassez-les de ma part! Je vous embrasse de tout cœur.

Votre FASIL.

Kirk-Kilissé, le 2 décembre 1328.

CHAPITRE XVIII

LA GUERRE DE GUÉRILLAS

—

Le commandement bulgare trouva dans la coopération des populations de même race stationnées sur le territoire ottoman un secours et un appui considérables.

Le fait, pour une armée d'invasion, de trouver en face d'elle une population sympathique, facilite singulièrement ses opérations. Elle reçoit ainsi quantités de renseignements sur l'adversaire ; les vivres et les ressources de tout genre, qui se cachent d'habitude, lui sont au contraire offerts.

Mais l'avantage est bien plus considérable encore quand ces populations sont animées de sentiments guerriers et qu'on peut les utiliser en faveur de l'envahisseur, en soulevant le pays sur les derrières de l'armée nationale ou en faisant participer les partisans d'une manière quelconque aux opérations principales.

C'est au sein de semblables circonstances que s'est déroulée la guerre actuelle ; les populations chrétiennes de la Thrace et de la Macédoine étaient déjà, au moment de l'ouverture des hostilités, plus ou moins en état de guerre avec la Turquie.

Une grande partie de la presqu'île balkanique se trouve constituer, en raison de sa situation économique ou géographique, un champ d'action idéal à la guerre de guérillas ou de partisans; d'autre part, les luttes séculaires soutenues par les habitants contre le régime turc ont fait d'eux des adversaires remarquablement initiés à ce genre d'opérations dans lequel ils constituent des ennemis particulièrement redoutables.

L'appui que les États alliés trouvèrent auprès des bandes fut d'autant plus précieux, que celles qui opéraient en Thrace et en Macédoine ne constituaient pas une force improvisée. Bien au contraire, on se trouvait en présence d'une organisation prévue dans tous les détails, fonctionnant depuis de longues années, répondant à une nécessité nationale et reposant, comme telle, sinon sur le principe du service obligatoire, tout au moins sur celui de l'impôt payé volontairement à la cause sacrée de l'insurrection.

La guerre de partisans, qui se poursuit depuis tant d'années en Thrace et en Macédoine, s'est toujours déroulée avec un caractère de sauvage barbarie qu'elle n'a pas abandonné dans les circonstances actuelles; elle demeure toujours la guerre sans merci, dans laquelle on ne fait pas quartier.

Autant les troupes régulières bulgares ont fait preuve, en toutes circonstances, de discipline et de sentiments humains, autant les Komitadjis se montrent sans pitié dans la lutte d'extermination poursuivie contre les Turcs.

Quelques jours avant la déclaration de guerre, étant à Sophia, je me fis conduire une nuit dans une vieille auberge où descendent d'ordinaire les insurgés de passage.

Ce foyer d'inlassable haine et d'insatiable vengeance porte le nom de *Lomski Han*. Il a déjà abrité des centaines de Komitadjis macédoniens, dont les ossements blanchissent à l'heure actuelle dans un coin perdu des Rhodopes.

Depuis des années, une guerre épouvantable se poursuit, dans laquelle le fusil, le couteau et la bombe jouent leur rôle, et qui s'adresse à tout ce qui, en Macédoine, n'est pas de race bulgare.

Ce ne sont pas seulement les Turcs qui tremblent devant ces échappés de l'enfer; les Albanais, les Grecs, les Serbes sont également persécutés.

Même dépaysées par le cadre de Sophia, on se sent mal à l'aise en présence de ces sinistres figures qui ne rient jamais et que ne peut dérider le partage de quelques tasses de café turc ou de verres d'un indéfinissable *Cognac macédonien*.

Malheur à celui qui se laisse surprendre par une bande; quels que soient son âge ou son sexe, il ne trouvera pas grâce devant elle. Cette lutte inexorable n'est que la répétition, améliorée, des traditions ottomanes de l'époque de la conquête.

Les armées bulgares ont été appuyées, au cours de cette guerre, par le concours de plus de 12.000 Komitadjis.

Au nombre de mes amis de *Lomski Han*, se trouvait un jeune homme d'environ trente ans, de taille élancée et de belle apparence. Quoique ne sachant ni lire ni écrire, il était cependant d'une remarquable intelligence. Je le pris en particulier.

« Que fais-tu dans la vie ordinaire, quelle est ta profession?

— Voilà dix-huit ans que je suis Komitadji.

— D'où es-tu?

— De Bitolna; c'est là que se trouvait notre maison.

Les Turcs ont égorgé mon père, ma mère et mes sœurs. La maison a été brûlée. Seul j'ai survécu.

— Quel âge avais-tu à ce moment?

— Je n'en sais rien, mais je pouvais porter le fusil, et je pris la montagne.

— Pourquoi n'as-tu pas été retrouver tes autres parents?

— Tous ceux de mon sang ont été tués par les Turcs, je suis le dernier de ma race.

— Et tu venges le sang versé?

— Oui, chaque fois que je le peux.

— Mais tu frappes des innocents, en quoi sont-ils responsables?

— Mon père et ma mère étaient également innocents, eux non plus n'avaient rien fait.

— As-tu immolé des femmes, des enfants?

— Oui, les Turcs ont bien frappé ma mère et mes sœurs.»

Et voilà comme ils sont tous.

Et c'est avec de tels hommes que des étudiants, des médecins, des avocats, des négociants ont combattu côte à côte, employant les mêmes procédés. La raison ne peut comprendre comment ces civilisés, imbus des doctrines des Universités occidentales, ont pu en arriver là, et se laisser guider par ce barbare génie de destruction. Pour tous ces Macédoniens, il n'y a plus de barrières intellectuelles, licenciés et illettrés, tous ne sont que des Komitadjis.

L'organisation macédonienne a fait parler d'elle dès l'époque où, bien que la guerre ne fût pas décidée encore, le nationalisme bulgare eut déjà tout mis en œuvre pour la préparer.

Les comités sont antérieurs à l'annexion de la Roumélie orientale. Leur créateur fut le célèbre major Panitza.

Il se distingua au cours de la guerre contre la Serbie, à laquelle il prit part à la tête d'une bande macédonienne.

Panitza, qui comptait parmi les officiers préférés du prince Alexandre, et auquel il demeura fidèle jusqu'au moment de son involontaire abdication, se lança ensuite dans la politique intérieure; il tomba victime de son opposition à la dictature de Stamboulow. Celui-ci voyait en lui un concurrent dangereux, auquel, malgré qu'il ne détînt pas le pouvoir, de nombreux Bulgares, civils ou militaires, obéissaient aveuglément. Sa vigoureuse intervention dans la lutte des partis, menée alors avec un caractère d'acharnement atroce, aurait pu entraîner un changement de régime. La chute des « Tyrans » stamboulovistes aurait entraîné pour eux la mort. Panitza devait donc disparaître, il fut arrêté, jugé et exécuté.

Lorsque, six ans plus tard, Stamboulow tombait à son tour, frappé dans la rue par des assassins inconnus, une de ses dernières paroles aurait été le nom de son ancien adversaire, à la vengeance posthume duquel il attribuait son trépas.

Panitza disparu, l'organisation occulte passa aux mains du célèbre littérateur Traitscho Kitantschew, de Monastir.

Plus tard, ce fut le beau-père de Panitza, le général Nikolaiew, qui prit la tête du mouvement. Nommé, quinze ans plus tard, ministre de la guerre dans le cabinet démocrate Malinow, Nikolaiew dut passer la main et se vit remplacé par Damian Grnew, tribun très populaire. Ses adjoints les plus connus étaient les professeurs Gatze Djeltschew et Matow, appartenant à l'enseignement secondaire.

L'organisation se scinda en 1894 en deux groupes, dont l'un siégeait à Salonique, sous le titre de comité supérieur, l'autre à Sophia constituait le comité central.

Le comité supérieur obéissait aux ordres de Damian Grnew, celui de Sophia était dirigé par le général du cadre de réserve Tontschew, auquel succéda le célèbre lieutenant de réserve Boris Sarafow.

Celui-ci déchaîna la révolution en 1895. Grnew et Djeltschew furent égorgés par les Turcs. A la tête de bandes comprenant des étudiants et des élèves des lycées, Sarafow réussit à s'emparer pour quelques heures de la petite ville turque de Melnik, voisine de la frontière.

D'autres combats entre bandes et Turcs avaient lieu un peu partout, entre autres à Kruschevo où Sarafow se trouvait en personne.

Le but des révolutionnaires était de léser les intérêts européens, de manière à forcer les puissances à intervenir et à demander la mise en œuvre de réformes.

Pour arriver à ce résultat, on en vint à organiser deux attentats importants à Salonique, dans lesquels les bombes devaient jouer leur rôle. L'un frappa le navire français *Guadeloupe*, l'autre, le soir du même jour, le siège de la succursale de la Banque Ottomane. Ces attentats, qui furent suivis de plusieurs autres moins importants, avaient été parfaitement préparés et exécutés.

Des témoins oculaires m'ont raconté la terreur qui régna à ce moment dans la population. Les canalisations d'eau et de gaz avaient été coupées; rien que de ce fait l'émotion était grande. On entendait partout des cris désespérés de : « aman, aman. » Un orage qui éclata pendant cette nuit tragique vint ajouter à l'horreur de la situation. Le ciel était de feu.

A cette panique qui frappait principalement la population juive, vint bientôt s'en ajouter une autre: les Turcs couraient sur les Bulgares et les massacraient partout où ils les rencontraient. Quantité de personnalités tout à fait innocentes périrent ainsi.

Le chef de l'organisation extérieure était à cette époque Garvanow, professeur de physique au lycée bulgare de Salonique. Il avait fait ses études à Vienne et était un homme d'une grande probité, et d'un tempérament d'illuminé.

Mais la révolution macédonienne continuait.

A la suite des attentats de Salonique, des bâtiments de guerre anglais et autrichiens étaient entrés dans le port.

Un peu plus tard, la Russie et l'Autriche, parlant au nom des autres puissances, exigeaient la mise en vigueur des réformes.

Il y a quelques particularités intéressantes à dire sur ces attentats si bien préparés et qu'on imputait aux « anarchistes ottomans ».

La dynamite, dont les Macédoniens étaient abondamment pourvus, arrivait de Russie dans des boîtes à sardines. Un certain jour, quelques caisses de ces prétendues conserves furent ouvertes à la douane. Mais on sait qu'en Turquie le « Bakschisch » est roi, que pour lui on ne recule pas devant un meurtre; les caisses passèrent sans encombre.

Quelques mois avant l'attentat contre la Banque, un petit magasin d'épicerie s'ouvrit en face. De cette boutique en apparence inoffensive partit une communication souterraine qui atteignait les fondations de la Banque.

Les portes de la Banque étaient gardées par des soldats turcs. Quelques heures avant la catastrophe, un étudiant, Bjeltschew, déguisé en officier turc, se présentait au directeur de l'établissement et lui conseillait de l'abandonner avec toute sa famille s'il voulait avoir la vie sauve. Le directeur ne se le fit pas dire deux fois.

On ne peut s'empêcher de remarquer que, pour mener à bien des opérations de ce genre, il est indispensable que leurs organisateurs soient des hommes d'une haute culture intellectuelle.

Mais l'insurrection ne tardait pas à dégénérer et à traîner en longueur. Sarafow était revenu à Sophia. Sandansky, un ancien maître d'école, prenait, à cinquante ans, la direction de l'organisation locale, qui ne voulait pas marcher d'accord avec le comité Sarafow.

A Salonique on voulait agir sans plus tarder.

Les deux comités en vinrent à lutter l'un contre l'autre avec la même ardeur qu'ils avaient jadis manifestée contre les Turcs.

Sarafow et Garvanow finirent eux-mêmes par être assassinés dans la maison même de Sarafow, par Teodor Athanasow, un exalté qui portait, parmi les Macédoniens, le surnom de Major Panitza.

Tous les journaux nationalistes de Sophia, qui ont tous au moins un Macédonien membre de leur rédaction, parurent le lendemain encadrés de noir.

Le meurtrier Teodor Athanasow se réfugia à Serès, ville totalement inféodée à Sandansky. Celui-ci, qui vivait en bons termes avec les Turcs et qui conserva ces bonnes relations avec les Jeunes-Turcs jusqu'à leur écroulement, fut condamné à mort par contumace par les autorités bulgares. Lorsque la révolution turque éclata, Sandansky fit cause commune avec les Jeunes-Turcs, et ses bandes entrèrent à Constantinople sous les ordres de Mahmud Schefket Pacha. Lui-même fut nommé député par les Jeunes-Turcs. Mais, désolé de voir que le régime de liberté ne devait pas s'implanter en Macédoine, il résigna son mandat et reprit la montagne.

Sous ses ordres la lutte reprit contre les Turcs, les ponts furent détruits, partout des embuscades attendaient les troupes régulières opérant contre lui. Son premier lieutenant, Tschernopjew, occupait, avec ses bandes, Drama et Kavalla.

Le chef qui se trouve actuellement à la tête de l'organisation macédonienne de Sophia est le professeur Christo Matow. Jadis professeur au Lycée de Salonique, il fut ensuite exilé en Asie Mineure. Lorsque la politique conciliante du représentant de la Bulgarie à Constantinople, Natachowitch, l'eut fait amnistier, il vint à Sophia. La protection du Cabinet, présidé par le général Ratscho Petrow, lui fit obtenir une place au Lycée de Sophia.

Christo Matow est un homme très intelligent qui déjà, comme rédacteur du journal macédonien *Narodna Wolia*, avait attiré sur lui l'attention des nationalistes.

Une autre feuille macédonienne est le *Adardar* qui, avant la déclaration de guerre, a publié des articles vibrants dus à la plume d'un diplomate bulgare écrivant sous le pseudonyme de « *Burenjsnik Sturmkunder* ».

Depuis l'année dernière, un des principaux organisateurs du comité central est le major de réserve Protogerew.

Il a organisé les Macédoniens d'après les principes militaires et est entré en campagne à leur tête.

Telle est, rapidement résumée, l'histoire de l'organisation macédonienne. Son œuvre principale se traduit par la mise sur pied des bandes dont l'action détermina :

1° L'intervention européenne et les réformes ;

2° La révolution jeune-turque qui débuta en Macédoine ;

3° Le soulèvement albanais et l'émancipation de cette région entravée par la Turquie avant la guerre.

L'action des bandes accéléra l'éclosion de la lutte que les armées bulgares allaient continuer.

L'action des bandes a eu un autre résultat encore : par elles, le peuple macédonien s'est habitué à payer l'impôt que les chefs se chargeaient de récolter.

Bien que, souvent, les bandes n'aient pas été bien vues par les cabinets successifs de Sophia, les uns comme les autres devaient les tolérer, car elles jouissaient de la faveur de l'opinion publique qu'il importait de ne pas s'aliéner.

En outre, la Turquie ne surveillait jamais ses frontières et ne cessait de se plaindre à l'Europe du passage des groupes insurgés sur son territoire. Or, les Bulgares ne franchirent la frontière que deux fois ; en 1903, au moment de la révolution, et, partiellement, en 1904. Les bandes se formaient en général sur le territoire ottoman, ce que la Turquie ne pouvait empêcher. Du reste, elle en arrivait même parfois à les favoriser, comme le montre l'exemple de Sandansky qu'elle protégea jusqu'à la déclaration de guerre.

L'itinéraire suivi par les Turcs dans leur retraite sur Kopruli témoigne des cruautés les plus atroces.

Lorsque les troupes bulgares entrèrent dans le village de Furneno, elles y trouvèrent un *amoncellement de 147 cadavres, hommes, femmes et enfants mis à mort avec des raffinements inouïs de cruauté.*

Une famille entière fut immolée sous les yeux de l'aïeul qui, lié ensuite au cadavre de son fils, fut fusillé à son tour. Des Bachi-Bozouks firent coucher les habitants d'un village, puis les fusillèrent en les piétinant.

Tous les villages de la vallée de la Strouma, que les Turcs traversèrent, ne sont plus que des monceaux de cendres sous lesquels se cachent les cadavres brûlés de leurs habitants.

Chaque heure apportait de nouveaux renseignements faisant connaître des atrocités nouvelles.

Les Turcs tentèrent de lutter contre les bandes à l'aide d'organismes similaires représentés par les Bachi-Bozouks, mais cette tentative n'eut pas grand succès.

Il manquait aux Turcs l'élan, l'organisation et, avant tout, la haine. Seul un peuple opprimé, ou se croyant tel, peut trouver en lui-même ces trésors de haine que rien ne saurait désarmer et qui persistent jusqu'au dernier souffle de l'adversaire.

Les Turcs étaient enfin d'une passivité trop grande pour obtenir le concours indispensable de l'ensemble de la population. Leurs contre-guérillas manquaient d'organisation.

Les résultats obtenus donc au cours de la guerre, par les corps de partisans opérant aux côtés de l'armée bulgares furent infiniment plus considérables, au point de vue militaire, que ceux sans but et sans cohésion réalisés par les Bachi-Bozouks.

C'est ainsi que l'occupation, effectuée avant la déclaration de guerre par les bandes de Sandansky et de Tschernopejew, des défilés de Kresna dans la vallée de la Strouma, eut une grande importance stratégique, car ces défilés commandent complètement les communications reliant Serès à Salonique par Dzumaja.

Sandansky réussit à surprendre sur ce point une colonne turque, forte de plusieurs bataillons avec de l'artillerie, et à la disperser.

Mais, par contre, les Komitadjis échouèrent à Kriwa et à Gewegli, où les Turcs réussirent à surprendre, en force et avec de l'artillerie, une bande qui fut entourée et presque détruite.

L'activité des partisans bulgares, s'exerçant par de nombreux attentats contre les ponts, les casernes, etc., ne fut pas sans retarder et troubler la mobilisation turque, et à rendre la situation des troupes ottomanes plus mauvaise qu'elle n'était de prime abord.

La coopération des irréguliers, la haine séculaire qui sépare les adversaires, la rudesse de leurs mœurs virent imprimer à la lutte un caractère de sauvagerie extrême. De part et d'autre on égorgea et on massacra de toutes façons et sans épargner personne. Les atrocités les plus épouvantables furent commises dans les deux partis. Mais, du côté bulgare, elles n'étaient imputables qu'aux irréguliers ; les troupes régulières ont fait preuve, dans toutes circonstances, d'une discipline admirable.

Il était loin d'en être de même chez les Turcs, où c'etaient justement les troupes qui, pour se venger de leurs défaites, commettaient les plus grands excès.

Nous avons vu ce qu'elles avaient fait à Furneno.

Les blessés bulgares qui tombaient entre leurs mains étaient torturés, on leur coupait les oreilles et le nez, on leur crevait les yeux.

Les Komitadjis usaient de représailles ; c'est ainsi que Tschernopojew, par exemple, fit massacrer des centaines de musulmans pour venger les barbaries de Furneno.

Il est assez curieux de constater que ce furent les bandes qui se montraient les plus cruelles vis-à-vis des populations désarmées qui faisaient preuve du moins de valeur dans les opérations militaires.

Ce fait s'est vérifié dans les deux camps ; les Turcs avaient des raffinements de cruauté vis-à-vis des populations paisibles, et les Bulgares disaient à qui voulait l'entendre que les partisans valaient moins au combat que les réguliers,

La guerre de guérillas ne prépare guère, par ses procédés spéciaux, aux opérations régulières où la retraite rapide devant un adversaire supérieur n'est pas le comble de l'art.

De plus, l'instinct du meurtre et du pillage, qui anime le partisan, émousse les sentiments généreux qui caractérisent le véritable soldat.

Ce n'est que sous l'impérieuse pression de la nécessité que la Bulgarie, qui avait mis toutes ses ressources en lignes, a cru devoir accepter l'aide des Komitadjis.

Ceux-ci, du reste, auraient pris les armes sans y être conviés.

Il faut espérer que l'administration bulgare, qui a déjà commencé à prendre en main la direction des territoires conquis, saura arrêter cette lutte de nationalités et de religions, de sorte que le sombre et trop long épisode des Komitadjis, cessant bientôt d'appartenir au domaine de la réalité, ne sera plus qu'un lugubre et lointain souvenir historique.

CHAPITRE XIX

LES NÉGOCIATEURS DE LA PAIX

———

Le Dr Danew, le chef du parti progressiste, a déjà été ministre des Affaires étrangères dans le cabinet Karavelow, puis il est devenu lui-même président du Conseil. Il a été également président du Sobranié, de sorte que cet éminent homme d'État a pu, dans des fonctions variées, donner la mesure de ses brillantes qualités.

Diplomate avisé, M. Danew excelle à conduire des négociations, car son esprit délié lui permet immédiatement de s'assimiler la doctrine adverse, et ses revendications ne vont jamais au delà de ce qu'il est certain d'obtenir.

Ces facultés précieuses lui ont permis, en outre, d'acquérir une situation de premier ordre comme avocat, il occupe, en cette qualité, une des premières places du barreau bulgare.

M. Danew a fait ses premières études universitaires à Prague, où il suivait l'enseignement du célèbre politicien vieux-tchèque le Dr Kramarsch. Il vint ensuite à Paris, après s'être complété, au point de vue intellectuel, à l'Université d'Heidelberg.

C'est à Paris qu'il termina ses études. Paris exerce une grande force attractive sur les Bulgares.

Danew a admiré souvent les discours prononcés par les orateurs français à la Chambre ; puis, lorsque l'usage de la langue anglaise lui fut devenu familier, il apprécia les procédés oratoires anglais.

Il est très calme dans son élocution et se montre fort patient dans les discussions. C'est à peine si, dans les moments d'impatience, sa figure s'empourpre légèrement pour un temps très court, le ton de ses paroles ne se hausse pas, et ses gestes, qui sont rares, demeurent élégants et sobres.

Et, pourtant, ce parlementaire est un sensitif, dont les images conservent, aujourd'hui encore, la fraîcheur des débuts.

C'est de lui qu'on peut, à juste titre, dire : « Il avance sans vieillir ».

Le Dr Danew est né dans les montagnes, pour lesquelles il a conservé une affection particulière ; dès que ses loisirs le lui permettent, il fait de l'alpinisme. Il n'y a guère de montagnes d'Europe qu'il n'ait escaladées.

Il connaît tout aussi bien les capitales occidentales, et, quand on lui parle de sa passion des voyages, il répond en riant : « Je voyage comme un Américain. »

Ce n'est pas seulement par cette communauté de goûts que l'attention du Roi a été attirée sur lui, bien longtemps avant la situation actuelle. Lorsque le parti démocrate était au pouvoir, Ferdinand envoya le Dr Danew en mission à Constantinople, auprès du gouvernement jeune-turc, avec lequel il essaya vainement de lier amitié.

Depuis, M. Danew a été envoyé à Cettigne, à Belgrade, enfin, l'été dernier, à Livadia, auprès du Tsar.

On a dit à Sophia que l'envoi de M. Danew en

DOCTEUR DANEW

Président de la Chambre des Députés bulgare

Russie était un indice de la prochaine déclaration de guerre, dont on voulait aviser la Russie, afin d'éviter le mécontentement que cette puissance avait ressenti en se voyant mettre en présence du fait accompli, lors de l'annexion de la Roumélie et de la déclaration de l'indépendance.

Il peut y avoir du vrai dans ces racontars ; toutefois, il convient de remarquer que la Russie ne s'est pas engagée à soutenir les aspirations nationalistes de la Bulgarie, comme elle l'a fait pour celles de la Serbie.

En tout état de cause, il est probable que le Roi a voulu éviter les reproches qui lui avaient été faits par le Gouvernement russe dans les deux circonstances rappelées plus haut.

Il paraîtrait que le Tsar russe aurait parlé à M. Danew d'« abstention ».

En raison des impressions rapportées de Livadia et de la politique traditionnelle de son parti, M. Danew ne se montra pas très partisan d'une action radicale, et penchait plutôt pour une solution pacifique du problème macédonien.

Geschow non plus, ne se montrait pas très décidé, bien que comprenant mieux la nécessité d'une solution brutale.

Mais le « tigre » Teodor Theodorow, le ministre des Finances, poussait à la guerre. Il alléguait que la situation actuelle laissait toute l'existence économique de la Bulgarie en suspens, que les menaces de guerre rendaient tout emprunt impossible, et qu'enfin, l'état de la Turquie autorisait toutes les audaces.

A la suite des massacres de Kotschana, le Dr Danew se rendit compte qu'il n'était plus possible de lutter contre l'unanimité de l'opinion publique.

Il sut très vite s'accommoder à la situation nouvelle, et se montra, au cours de toute la campagne, d'une activité dévorante. Il demeura presque tout le temps avec le Roi, qu'il accompagna à Mustapha-Pacha, à Kirk-Kilissé, à Jurusch, etc.

Plus tard, quand les relations entre la Serbie et l'Autriche se gâtèrent, il partit en mission à Budapest. On le vit ensuite entamer les négociations en vue de l'armistice à Tschataldscha.

A peine libéré, il entame la série de ses missions dans les diverses capitales, avant d'aller représenter son pays aux conférences de Londres.

Il a, pour l'assister dans ce poste difficile, des hommes de tout premier ordre, comme l'ambassadeur Michael Madjarow et le général Paprikow, qui fut ministre des Affaires étrangères sous Malinow, au temps de l'annexion.

Le Dr Danew est tout indiqué pour remplacer, dans un avenir prochain, M. Geschow à la présidence du conseil.

CHAPITRE XX

MES AVENTURES COMME CORRESPONDANT
DE GUERRE

—

Les renseignements d'ordre politique et militaire dont le lecteur a pris connaissance dans les chapitres qui précèdent ont pu lui donner une idée des difficultés que j'ai éprouvées pour rassembler, en un temps aussi court, autant de matériaux sur les phases diverses de la question bulgare. Il a pu alors se demander comment j'étais arrivé à ce résultat.

Le secret auquel je dois mes succès comme reporter, et qui m'ont, du reste, fait jalouser par les confrères moins heureux, réside uniquement dans le fait que je me suis trouvé mieux armé qu'eux au moment de descendre dans l'arène.

Avant tout, j'avais sur mes concurrents l'avantage de posséder la langue bulgare.

Fils d'un ingénieur, j'ai été élevé dans les Balkans. Tout enfant, j'ai appris à connaître la Bulgarie, la Serbie et la Bosnie. Quoique né à Vienne, ma situation particulière m'a donné une connaissance matérielle et morale des Slaves du sud qui ne pourrait s'acquérir par un travail de cabinet assidu.

Ainsi documenté, je me suis consacré à l'histoire des peuples balkaniques.

Officier en non-activité, j'ai eu les loisirs nécessaires au perfectionnement de mes connaissances militaires et j'ai pu constater, dans plusieurs circonstances, la valeur de mon acquit dans cet ordre d'idées.

Je me permettrai de rappeler que j'ai déjà rempli les fonctions de correspondant spécial au moment de l'assassinat du roi de Serbie et dans l'affaire des bombes de Cettigne.

C'est moi qui ai fondé, sur un ordre spécial, un journal allemand, à Serajewo, le « *Serajevoer Tagblatt* » qui n'a pas desservi la cause de la future annexion.

Je ne nierai pas que je dois une grande partie de mes succès comme correspondant de guerre aux relations personnelles amicales que j'entretiens avec de hautes personnalités bulgares.

Parlerai-je de ma fuite du quartier général de la 2ᵉ armée ?

Je suis particulièrement fier de cette action qui m'a permis ultérieurement de voir quelque chose.

Juché au sommet des colis de mes collègues, c'est sur un char attelé de buffles que j'arrivais, le 28 octobre, dans ce Mustapha-Pacha, en bulgare *Svilengrad,* tant désiré. Les attachés militaires avaient été mieux traités, on leur avait affecté des automobiles, au sortir du train spécial qui nous avait conduits de l'affreux trou de Stara-Gora vers les champs de bataille.

On s'était moqué de moi au départ, mais, poussant mon phlegmatique attelage d'un vigoureux *Hue Hott,* je me mis en route. Pendant 5 kilomètres, je longeais la colonne de troupes et de convois soulevant des nuages de poussière, et, après avoir franchi le vieux pont ottoman, je faisais mon entrée à Kara-Mustapha. On me logea au « Club hébraïque » en me disant que j'étais libre de me choisir un domicile dans une des nombreuses maisons turques abandonnées.

Je trouvai, en entrant dans mon logement, les deux chambres existantes occupées par les Français sous la direction de Naudeau qui s'est rendu célèbre par son reportage de la guerre de Mandchourie et de M. V. Mach, ancien instructeur militaire bulgare.

Après avoir marqué, en signe de prise de possession, un vieux canapé placé dans l'antichambre, à l'aide d'une carte de visite et avoir déchargé ma valise, je partis aux renseignements. Avant tout, il me fallait contenter mon estomac. Les auberges et les magasins regorgeaient de soldats, le vin et l'alcool coulaient à flots, mais pas un morceau de pain n'était disponible.

Dans une échoppe, je découvris un saucisson de mouton de fabrication turque qui pendait au plafond. Je le payai au poids de l'or et en mangeai la moitié crue.

Un curieux spectacle m'attendait à la porte. Le correspondant d'un grand journal berlinois, homme âgé et plein de suffisance, passait en voiture, celle-ci était chargée jusqu'aux étoiles de tout un mobilier, de vivres, de matériel de couchage. Le camarade emportait un véritable déménagement en campagne! Pour moi, je n'avais qu'une valise, mais grâce à laquelle je pus passer partout et accomplir mon odyssée qui devait me conduire au feu devant Andrinople.

Les rues n'étaient qu'un marais parfois infranchissable. De nouvelles troupes traversaient sans interruption le pont millénaire sur la Maritza, passant devant la mosquée, elles se dirigeaient vers Andrinople. Beaucoup de vieilles barbes dans les rangs, le ceinturon portant la baïonnette sanglé sur leurs effets de paysans, et le fusil Mannlicher donné aux nouvelles formations, porté sur l'épaule à la russe. Puis de l'artillerie de campagne. Elle appartient également à la réserve. De petits chevaux efflanqués, harnachés avec des ressources locales. Les servants passent sérieux et en silence. Les scènes changent comme devant un cinématographe. Ces tableaux guerriers ont leur charme et leur beauté pour quiconque sait les apprécier.

J'admire avec étonnement ces petits chevaux qui s'en vont indéfiniment de leur pas si sûr.

Immédiatement après le pont s'est formé un parc de voitures. Une partie des convois doit cantonner ici.

On ne peut songer à dépeindre l'aspect bariolé de ces soldats du train, paysans parfois aux cheveux blancs, couverts de peaux de mouton et armés de fusils préhistoriques. Tout ce personnel provient des levées du 3ᵉ ban. Il y a là une accumulation de voitures de tous modèles, de chevaux, de bœufs ou de buffles.

Les vivres, les fourrages, le bétail passent inlassablement. Au bord d'une prairie marécageuse campent des Bohémiens, et, plus bas, une forge de campagne répare les roues et les essieux.

Je m'étais rapidement orienté sur la disposition de la ville. Je voulus alors télégraphier mes impressions à Vienne. La censure est établie au premier étage d'un vaste bâtiment. Un très aimable capitaine d'état-major parlant l'allemand visa ma dépêche sans aucune difficulté; et me voilà en route pour le poste de télégraphie militaire.

J'y trouvai environ vingt correspondants de guerre, apportant des télégrammes comptant jusqu'à 3.000

mots. Les Anglais surtout disposent de crédits fantastiques.

Un unique employé comptait les mots avec une méfiante lenteur et quand il était arrivé à 680 ou 700, il se trompait et recommençait par le commencement.

Il ne pouvait être question, dans ces conditions, d'un reportage télégraphique régulier. De plus, on avait, comme je l'appris, très énergiquement prescrit aux correspondants de ne pas quitter Mustapha-Pacha. Quiconque serait trouvé à plus de 2 kilomètres de la ville serait immédiatement expulsé.

Comme je l'appris plus tard, un tel sort fut celui de nombreux collègues, mais je n'étais pas parmi eux, pour la raison bien simple que je m'étais depuis longtemps défilé. Cette aimable localité n'était qu'une souricière à l'usage des correspondants de guerre, aucun d'eux n'y trouvait à glaner le moindre renseignement, et quand, par hasard, l'un d'eux, plus heureux ou plus roublard, tentait d'envoyer un télégramme dans lequel la sûreté des informations voisinait avec la plus éhontée des fantaisies, on pouvait être certain que, grâce à la censure, cette dépêche n'arriverait jamais à destination.

Il n'y avait donc rien à faire pour moi en ces lieux.

A la nuit, chargeant de propos délibéré mon petit bagage sur un fourgon qui passait, je quittai le « Club hébraïque » pour gagner la gare. Je n'avais passé que trois heures au quartier général de l'armée du général Iwanow. Mustapha-Pacha ne devait plus me revoir, quoique plusieurs journaux aient prétendu m'y avoir vu tous les jours suivants. Il faut espérer que les représentants de ces journaux ont été plus véridiques dans le reste de leurs rapports.

La chance m'accompagnait décidément ; en arrivant à la gare, un train était là, chargé de canons Krupp de 15ᶜᵐ qu'il conduisait à Kadikoj en vue des opérations contre Andrinople. Un commandant que j'avais connu à Stara-Gora, militaire jusque dans ses talons, allait donner le signal du départ. Le temps de renouer connaissance, et me voilà assis dans le fourgon, à côté du serre-freins qui partage avec moi une miche de pain blanc. Dieu sait d'où provenait ce régal ! Un coup de sifflet et nous partons dans la nuit noire, tandis que mes chers collègues se disputent encore autour de leurs lits problématiques.

J'avais enfoui dans ma valise le brassard rouge du reporter auquel mon escapade cessait de me donner droit.

Pendant cinq jours, le quartier général du général Iwanow me considéra comme disparu et fit jouer le télégraphe dans toutes les directions pour me rechercher. Au grand quartier général de Stara-Gora on craignait que je n'eusse été victime d'un risque professionnel.

Mais, pendant ce temps, j'étais devant Andrinople. Des hauteurs de Kemal, il m'était donné d'être témoin oculaire du grandiose duel d'artillerie engagé contre Karagjuz et Scheitantabja. Passant ensuite sur la rive droite de la Maritza, je pus visiter les ruines de Jurusch, enfin, je pus assister de près à une des héroïques attaques dirigées contre les positions turques de Marasch.

J'avais donc été témoin de nombreux événements. Mon retour s'effectua par le moyen d'un train évacuant des blessés. Un officier, auquel un éclat d'obus avait littéralement arraché le côté droit de la poitrine, fut mon compagnon de route. Au passage en gare de Mustapha-Pacha, je m'étais dissimulé dans une cahute de serre-freins pour éviter les recherches éventuelles.

L'arrêt fut heureusement court, et ne tardait pas à me soustraire aux griffes de la censure.

La première station bulgare est celle de Ljubimec. Je descendis du train et me présentai au commissaire militaire sous la rubrique « rejoint le grand quartier général ».

Le commissaire était un vieil officier rappelé à l'activité qui ne savait pas trop ce qu'il devait faire de moi. Notre conversation fut brève, car les occupations ne lui manquaient pas. Le corps d'investissement demandait instamment l'envoi immédiat d'un train chargé d'artillerie de siège et contenant en outre un appareil Blériot. Ce train se trouvait garé quelque part près d'Harmanli.

Mon plan fut rapidement conçu. Je me rendis au télégraphe pour essayer d'envoyer une dépêche échappant à la censure.

Des troupes appartenant aux divisions nouvellement formées traversaient en ce moment la localité, se rendant à Andrinople. L'employé du télégraphe, qui était allé les voir passer, revint en hâte à son poste, en s'excusant de m'avoir fait attendre. Il accepta sans difficulté ma dépêche démesurée.

Ce brave fonctionnaire n'avait pas encore eu l'occasion de voir un correspondant de guerre, et mon brassard rouge, remis en place pour la circonstance, me faisait prendre pour un « commissaire de l'intendance ». Je n'avais aucune raison de faire connaître ma véritable qualité.

L'employé expédiait bénévolement mon message

15

directement à Philippopoli, alors que j'avais tant à craindre qu'il ne dépasserait pas Stara-Gora. Mais ma situation fut à un certain moment pénible : comme le préposé me prenait toujours pour un fonctionnaire militaire, il ne pouvait comprendre que je voulusse régler la transmission de ma dépêche qu'il considérait comme officielle.

Quelque chose d'analogue m'arriva également à Tirnowo Sejmen.

Soupçonné de faire de l'espionnage au profit des Turcs, j'étais surveillé de près. Deux collègues, un allemand et un autrichien, dont les noms m'ont été donnés depuis à Sophia et que je ne veux pas répéter ici, s'était émus de ma fuite dans laquelle ils voyaient une concurrence déloyale. Aussi en avaient-ils avisé le censeur, le D\u1d63 Radeff, lequel avait mis tous les moyens en œuvre pour me retrouver. Ce Wagner, disait-on, ne nous dit rien qui vaille, il a pris des notes et des croquis. Qui nous dit que tout cela n'est pas destiné aux Turcs ? On redoubla d'efforts pour me mettre la main au collet.

Pendant ce temps, j'étais installé pour la nuit dans la salle d'attente de Tirnowo-Sejmen avec le gendre du général Fitschew, chef de l'état-major bulgare, le peintre de la Cour professeur Veschen, et deux officiers bulgares.

Je profite de ces lignes pour remercier tous ces messieurs ainsi que le commissaire militaire de la gare, M. S. Dulgherski, de la bienveillance avec laquelle ils ont accueilli et traité un Autrichien. Tandis qu'on pourchassait « l'espion turc », je jouissais des charmes de la conversation dans une société raffinée.

C'est également à Tirnowo-Sejmen que je fis la

connaissance du chef du parti démocrate socialiste, le député Janko Sakazow, homme très intéressant et instruit.

Il ne faudrait pas croire que ces pointes aventureuses constituent le summum de l'art du métier de correspondant de guerre. Elles donnent, évidemment, quelques indications sur la vie journalière sur le front, mais ce n'est pas en parcourant de jour et de nuit les lignes de feu, ou en se terrant dans les tranchées, que se rédigera la copie la plus appréciée du lecteur.

Avec l'étendue actuelle des théâtres d'opérations et avec ce que l'on a appelé « le vide du champ de bataille », le correspondant, en opérant ainsi, ne récoltera que des impressions locales sans grande importance pour l'appréciation de l'ensemble. De plus, l'action des armes modernes rend à peu près impossible l'observation immédiate des événements importants sur les points mêmes où ils se déroulent.

Le correspondant qui colle à la troupe ne peut rendre compte que de détails ou d'événements qui se déroulent en arrière de la ligne de feu, tels que la marche en avant des réserves, les mises en batterie, l'ouverture du feu, le fonctionnement du service de santé, etc. Il pourra corser son récit par quelques réflexions sur « l'effroyable tonnerre de la canonnade » ou sur le « sifflement strident des projectiles ». La discipline des troupes ou leur mauvais esprit, leur cohésion ou leurs débandades, constituent encore des sujets classiques.

En rédigeant ses articles de la sorte, le correspondant revit, par la pensée, les instants qui durent, certes, lui faire ressentir d'inoubliables émotions, mais il est rare que cette prose émeuve, au même titre, un lecteur éloigné et déjà rassasié de semblables clichés. Lorsque le parti auquel il est attaché agit offensivement, le correspondant, s'il a de la chance et qu'il ait trouvé un poste favorable, pourra peut-être suivre de l'œil une phase intéressante, mais la difficulté consistera à situer cette tranche d'action dans l'ensemble et à en tirer des conclusions générales. On a une tendance, en général, à attacher une importance exagérée aux faits dont on a été personnellement témoin. Ceci se remarque surtout dans les cas de paniques locales.

Ce que l'on suivit de près prend, à la rédaction, une valeur extraordinaire, quand bien même l'incident n'aurait aucune importance. Par contre, on incline à ne pas accorder à un fait décisif la valeur qui lui revient, uniquement parce qu'il s'est passé loin de nos yeux.

Il y a là un défaut de perspective, un défaut d'accommodation analogue à celui qui se présente en photographie, quand l'objectif est placé trop près du sujet.

Dans ces conditions, la réunion des observations d'un correspondant unique ne pourra jamais donner une image, même à peu près exacte, de l'ensemble des opérations.

Un journal qui voudrait donner à ses lecteurs un aperçu exact des événements devrait mobiliser une véritable armée de correspondants, et, comme les arbitres aux manœuvres, les attacher à tous les commandants d'unités. Tous ces Argus auraient à envoyer leurs renseignements en un poste central où ils seraient triés et recoupés en vue de la rédaction d'un rapport d'ensemble. En un mot, le travail devrait être analogue à celui qui s'effectue, sur une plus grande échelle, dans les quartiers généraux.

Une pareille solution est inadmissible.

Le correspondant isolé qui veut renseigner vite et complètement son journal en lui donnant rapidement une description claire et exacte de la bataille, n'a rien de mieux à faire que de se tenir aux aguets à proximité des lieux où arrivent les rapports officiels de ce genre, et où il pourra recevoir des indications sur les opérations en cours ou imminentes.

Les matériaux ainsi récoltés, et qui, à mon avis, formeront l'ossature de la copie future, pourront être grossis et enjolivés à l'aide des impressions personnelles du rédacteur. Mais le feuilleton ainsi obtenu aura toujours une importance accessoire.

A l'heure actuelle, il est rare que le correspondant ait à monter à cheval pour aller en personne à la découverte, son travail sera bien meilleur et plus complet s'il sait extraire la quintessence des renseignements apportés au commandant ou à ses subalternes.

On m'a jeté la pierre pour avoir agi de la sorte.

On a prétendu que mes comptes rendus m'avaient été soufflés, qu'ils n'avaient aucun caractère d'originalité. Certes, je n'aurais pas pu voir moi-même tout ce que j'ai télégraphié à mon journal, et, dans la plupart des cas, je n'ai été que l'agent de transmission de nouvelles que je tenais d'autrui. Mais, dans tout reportage, le renseignement constitue le principal, peu importe comment il a été recueilli, pourvu qu'il arrive. Tout le reste, constituant les aventures personnelles du correspondant, est tout à fait accessoire.

J'estime que les correspondants de guerre héroïques et romantiques, modelés d'après le type britannique, n'ont plus rien à faire sur un théâtre de guerre européen.

Le reporter de l'heure présente n'est plus ce chevalier errant armé de la jumelle et du carnet, qui parcourt les champs de bataille et suit les colonnes pour réunir des impressions. Il n'y a plus de place aujourd'hui pour ce « chiffonnier de l'histoire, » pour employer la rubrique sous laquelle Otto v. Gottberg désigne ironiquement ses collègues.

Du reste, les généraux actuels ne permettent plus qu'on se promène dans le voisinage des tirailleurs, eux-mêmes ne s'y rendent plus, comme le faisait Skobelew. Et même, s'ils y allaient, ils ne le feraient sans doute pas comme le héros russe, qui allait au feu escorté d'un état-major de correspondants.

La besogne du journaliste de l'heure présente voisine beaucoup plus avec la diplomatie qu'avec la vie militaire de campagne. Son rôle le plus important sera désormais de compléter les bulletins officiels. Avec l'habitude prise maintenant de considérer les choses les plus simples comme secrètes, une pareille mission, je puis l'assurer, sera toujours difficile et souvent ingrate.

Les correspondants accrédités auprès du quartier général bulgare ont été unanimes à constater combien les mesures prises par les autorités militaires avaient rendu difficile, sinon impossible, la recherche des renseignements d'après les anciens errements, ainsi que leur expédition à qui de droit.

Tous ces messieurs étaient retenus très loin en arrière, et ce n'est que tout à fait exceptionnellement qu'ils purent déjouer la surveillance dont ils étaient l'objet, et gagner le front, objectif des efforts communs. Les prescriptions du règlement adopté par les autorités militaires bulgares, basé sur les mesures analogues prises par les Japonais, montrent comment le

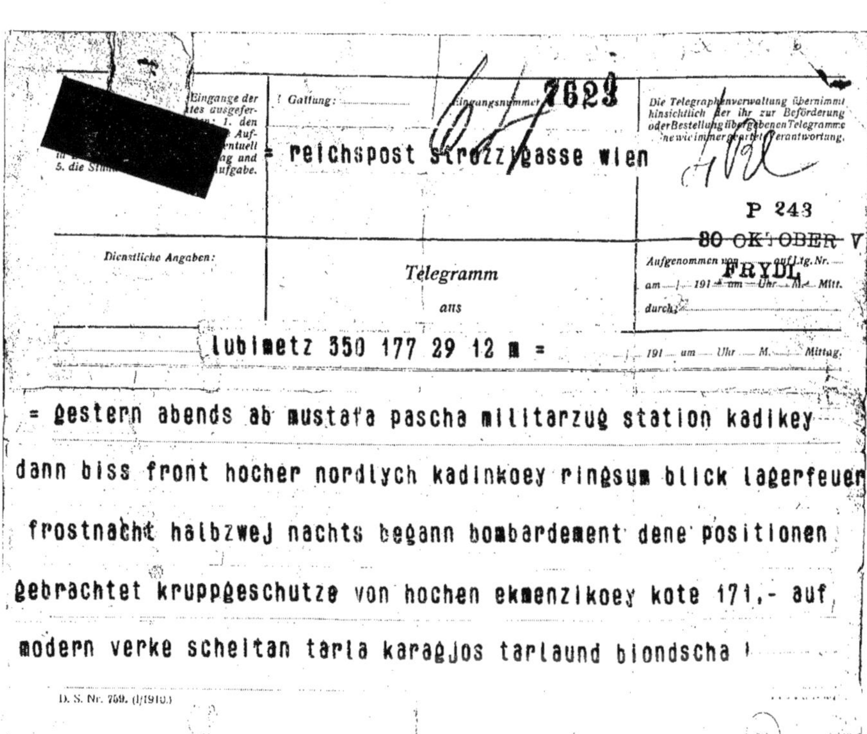

FAC-SIMILÉ DU TÉLÉGRAMME ENVOYÉ DE LUBIMETZ, QUI A ÉCHAPPÉ À LA CENSURE

commandement entendait faciliter la besogne aux représentants de la presse.

Il était interdit de faire connaître : toutes dates ou chiffres concernant l'organisation des corps d'armée, toute indication sur la répartition, l'effectif des troupes, sur les travaux ou projets en cours à tous les degrés.

Défense encore de parler des affectations des officiers au grand état-major, du fonctionnement du service de l'arrière, des emplacements occupés par les réserves.

Les mêmes prohibitions s'étendaient à tout ce qui pouvait donner des indications sur la constitution des armées, leur état d'entretien, celui des places ou forts, sur la situation sanitaire, le nombre et les noms des tués ou blessés, le rendement et l'état des voies ferrées, la viabilité des voies de communication dans l'intérieur de la zone des opérations.

Le règlement en question étendait ses rigueurs jusqu'aux nouvelles reçues de l'ennemi, et rappelait qu'il ne pouvait être question de parler des échecs subis, ou de critiquer les ordres donnés par les autorités militaires.

La liberté personnelle des correspondants avait été également restreinte; ils ne pouvaient, sans laissez-passer spécial, dépasser un certain cercle tracé autour du quartier général et n'englobant pas, bien entendu, la zone des opérations actives.

Ce laissez-passer n'était, du reste, accordé que dans des circonstances tout à fait exceptionnelles. Les commandants de corps d'armée conservaient enfin la latitude de suspendre, « pour des raisons militaires », l'autorisation donnée à cet effet par la censure.

Toutes les lettres ou colis, quels qu'en fussent le caractère et la nature, à destination de la Bulgarie ou d'autres régions, étaient ouverts par le censeur. Celui-ci surveillait strictement l'expédition des télégrammes, et la prise de photographies n'était autorisée que par les commandants militaires.

De fait, de toutes ces interdictions résultait l'impossibilité d'envoyer le moindre renseignement de valeur ou d'entreprendre n'importe quoi qui fût de nature à se procurer ce renseignement.

Une pareille situation devait, on le voit, compliquer singulièrement la tâche des journalistes désireux de faire leur métier. Ils risquaient gros en cherchant à accomplir leurs attributions professionnelles.

Je n'ai moi-même échappé que par miracle, étant à Stara-Gora, à l'incarcération.

J'étais le seul à être revenu au grand quartier général où j'avais été reçu avec grand intérêt par les attachés militaires qui, eux, n'avaient été expédiés à Mustapha-Pacha que pour en revenir après quelques heures de séjour. N'étais-je pas le premier correspondant qui eût été au feu?

Ici doit se placer un blanc de trois jours dans mon existence : j'avais été chargé d'une mission spéciale sur laquelle il ne m'est pas encore permis de m'étendre davantage. Mais que mes bons camarades ne s'inquiètent pas, il ne s'est pas agi d'espionnage; pendant tout le temps de mon séjour au grand quartier général, les autorités n'ont pas cessé de connaître le but de mes actions.

Après les batailles de Lule-Burgas et de Tschorlu, je revins à Sophia. Là, pendant qu'une patrouille me guettait à la gare, je racontais mes aventures au capitaine d'état-major que j'avais connu employé à la censure de Mustapha-Pacha. A la suite des présomptions de trahison dont j'avais été gratifié par un aimable confrère à Mustapha-Pacha, la censure locale, qui avait en outre fait expulser nombre de journalistes, avait prescrit à toutes les autorités subordonnées de s'assurer à tout prix de ma personne.

Je remercie cordialement les camarades italiens Ernesto Vassallo, du *Corriere d'Italia,* connu par ses chroniques expédiées de Tripolitaine, et Zoli, du *Secolo,* qui m'ont avisé en temps utile du danger qui me menaçait.

Lorsque je me rendis de Sophia à Nisch en mission spéciale, ces messieurs m'accompagnèrent à la gare en exprimant le vœu de voir s'améliorer encore les excellentes relations que la diplomatie a su créer entre nos deux pays.

Après avoir été retenu pendant quelques heures à Philippopoli, puis relâché, j'arrivai à Sophia.

Le président du Conseil, Geschow, qui m'avait convoqué le jour même par téléphone, me reçut en présence de notre ministre, le comte Tarnowska, et me félicita en souriant de mes succès professionnels. J'étais, ajouta-t-il, le reporter victorieux. « Mais maintenant confessez-vous, et dites-moi comment vous vous y êtes pris. » Mes aveux reçurent l'absolution, puissent mes malheureux collègues me pardonner à leur tour!...

M. Geschow eut l'amabilité de m'accorder immédiatement une interview sur l'exposé du comte Berchtold.

Ainsi donc, tandis que les sbires de Mustapha-Pacha me recherchaient en ma qualité de suspect,

*

j'étais tranquillement assis dans le salon du premier ministre!...

Je suis loin de reprocher aux autorités militaires bulgares les rigueurs de leur censure. Les mesures ainsi prises l'ont été dans l'intérêt des armées, car il est déjà arrivé de voir les mesures d'ordre militaire échouer par l'indiscrétion de la presse. Il suffit de rappeler à cet égard comment les armées allemandes furent informées, par Londres et Berlin, de la marche de Mac-Mahon vers Metz.

Je dois avouer ici que, lorsque je revins à Vienne, on me reprocha en haut lieu d'avoir porté préjudice aux armées bulgares en annonçant dans mes correspondances que, de Kirk-Kilissé, l'offensive ultérieure prendrait Lule-Burgas et Viza pour objectif.

Ce renseignement, comme tous les autres recueillis sur le théâtre des opérations, avait été télégraphié de Vienne à Constantinople par des agents turcs.

L'offensive turque sur Bunarhisar avait été la conséquence de la communication des intentions bulgares qu'elle était destinée à contrecarrer.

Si le fait qu'on m'a reproché a permis aux forces turques de gagner, malgré leur état de désorganisation, les lignes de Tschataldscha et de s'y maintenir, il n'en est pas moins vrai que je n'avais pas l'intention de nuire à l'action des armées bulgares. J'ai peut-être manifesté trop prématurément mon opinion sur les éventualités, mais la situation stratégique était telle que les mesures à prendre ne pouvaient plus être influencées par un article de journal.

Les Turcs devaient agir offensivement avec leur droite, ma chronique pouvait les fortifier dans cette intention, elle ne pouvait la leur dicter.

En ce qui concerne la valeur des renseignements qu'un correspondant peut expédier, il ne faut pas oublier que les faits y tiendront la plus petite place, la meilleure étant prise par les impressions qu'il s'agit de diffuser.

Il faudrait être de la plus complète mauvaise foi pour reprocher à un journaliste l'envoi de nouvelles inexactes, et ignorer que les états-majors les plus importants sont eux-mêmes exposés à vivre de longues journées au milieu de l'erreur.

Le lecteur de sang-froid ne se doute pas des innombrables renseignements, erronés souvent, qui arrivent au cours d'une journée dans un quartier général, de la masse de nouvelles contradictoires au sein desquelles il faut rechercher la vérité. Il faut avoir vécu avec les états-majors les heures de crise, pour avoir pu apprécier les rumeurs diverses qui viennent y aboutir et troubler les nerfs les mieux trempés.

Certes, on ne saurait reprocher aux Bulgares de ne pas commander aux leurs; néanmoins, lorsque arriva au grand quartier général la dépêche du général Ratko Dimitriew, commandant la 3e armée, et annonçant que les Bulgares avaient dû évacuer Bunarhisar devant la violence de l'offensive turque, une émotion extrême s'empara de tous. Le général avait beau avoir eu soin de terminer sa dépêche par ces mots : « Je vais le leur reprendre », comme un éclair, la nouvelle s'était répandue que Kirk-Kilissé était retombé aux mains des Turcs.

Il est encore bien plus difficile de contrôler les nouvelles relatives aux succès isolés du champ de bataille ou à l'issue finale d'une opération. Les nouvelles erronées s'implantent, avec une facilité incroyable, même dans les sphères les plus hautes. Je ne citerai comme exemple que la fausse nouvelle de la capitulation de toute l'armée turque à Monastir. Confirmée officiellement pendant deux jours, elle fut démentie le troisième.

Il est de notoriété historique et, en outre, conforme à la psychologie du combat, que les combattants considèrent toujours une avant-ligne enlevée comme étant la position principale. L'exemple de Saint-Hubert, le soir du 18 août 1870, montre qu'une pareille erreur peut être également l'apanage des chefs de tout grade.

C'est triompher à bon compte que de reprocher à un correspondant militaire les erreurs qu'on n'a pu constater qu'à la lecture des documents officiels longuement élaborés dans la période qui suit la signature de la paix, et pour lesquels le secret des archives n'existe plus.

Le journaliste n'écrit pas de relation qu'un grand état-major pourrait signer, et, après tout, un tel auteur est-il complètement à l'abri des critiques historiques?

Le présent travail sur les événements de la campagne de Thrace, simple mise au net de notes journalières, n'a pas la prétention d'être un monument définitif.

Puisse-t-il être parcouru dans le même esprit!

APPENDICE

L'ARMEMENT DES BELLIGÉRANTS

A — Bulgarie

INFANTERIE

Les 1er et 2e bans sont armés du fusil Mannlicher à répétition de 8^{mm}, Mod. 88/90 et 95 (portée 2.600 pas). L'homme porte sur lui 150 cartouches, 100 autres en arrière.

Le 3e ban est armé du fusil Berdan de 10^{mm}7 à un coup, fermeture à verrou (portée 1.500 pas), 80 cartouches par homme.

CAVALERIE

Complètement pourvue de la carabine Mannlicher à répétition, Mod. 90 ou 95. L'homme porte 60 cartouches.

ARTILLERIE

L'artillerie de campagne compte 108 batteries de canons à tir rapide Schneider-Creusot de 75^{mm}.

Il existe, en outre, des canons Krupp de 87^{mm} et

75^{mm}. Approvisionnement calculé à raison de 5oo coups par pièce, constitué en schrapnels (tirant à 5.9oo mètres) et obus.

L'artillerie lourde comprend 9 batteries d'obusiers de campagne légers et 9 d'obusiers lourds, et des obusiers de 12^{cm} et 15^{cm} Schneider-Creusot. Approvisionnement calculé à raison de 2oo à 45o coups par pièce.

L'artillerie de montagne dispose de 36 batteries, partie de canons Schneider-Creusot à tir rapide de 75^{mm}, partie de Krupp de 75^{mm}, approvisionnés à 4oo coups par pièce.

B — Turquie

INFANTERIE

Les 1er et 2e bans armés du Mauser à répétition de 7^{mm} ou 9^{mm}, Mod. 9o et o3. L'homme porte 12o cartouches, 18o disponibles. Le 3e ban est pourvu du fusil Henry-Martini de 11^{mm}. Par homme, 375 cartouches.

CAVALERIE

Est armée de la carabine Mauser à répétition de 7^{mm} ou de 9^{mm}, ou encore de la carabine Henry-Martini de 11^{mm}.

ARTILLERIE

Le canon de campagne est à tir rapide système Krupp de 75^{mm}. Il y a encore des pièces Krupp en acier de 8^{cm} et 9^{cm}.

L'artillerie lourde attelle l'obusier de campagne Krupp de 12^{cm}.

Approvisionnement calculé à raison de 5oo coups par pièce.

L'artillerie de montagne est dotée de pièces à tir rapide du Creusot de 75^{mm} et de canons Krupp de 7^{cm}, 15o coups par pièce.

Il ressort de ce qui précède que les deux États ont fait usage de matériels provenant d'usines françaises ou allemandes.

TABLE DES GRAVURES

TABLE DES CARTES

TABLE DES MATIÈRES

NANCY, IMPRIMERIE BERGER-LEVRAULT

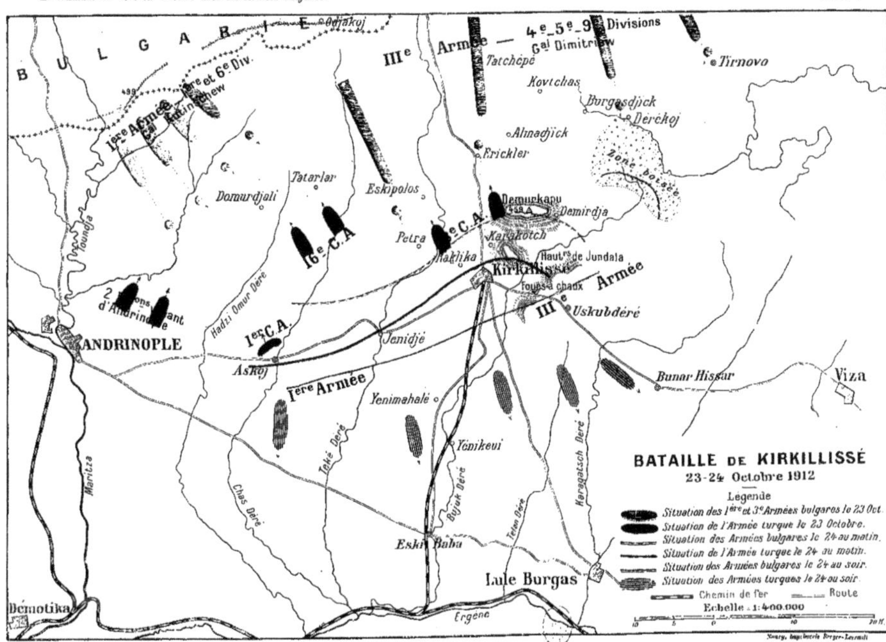
BULGARIE
Odjakoj
IIIe Armée — 4e_5e_9e Divisions
Gal Dimitriew
Tatchépé
Tirnovo
Kovtchas
Burgasdjick
Derchoj
1ere et 6e Div.
1ere Armée
Gal Kutincthew
Ahnadjick
Zone boisée
Erickler
Domurdjali
Tatarlar
Eskipolos
Demurgkapu
Demirdja
16e C.A.
Petra
Karakotch
Maklika
Hautrs de Jundala
Kirk-Kilissé
Fours à chaux
2 ons d'avant
d'Andrinople
IIIe Armée
Uskubdéré
1er C.A.
Jenidjé
ANDRINOPLE
Hadzi Omur Déré
Askoj
1ere Armée
Bunar Hissar
Viza
Yenimahalé
Maritza
Tounja
Yenikeui
Také Déré
Buyuk Déré
Tatxe Déré
Karagatsch Déré
Chas Déré
BATAILLE DE KIRKILLISSÉ
23-24 Octobre 1912
Légende
Situation des 1ere et 3e Armées bulgares le 23 Oct.
Situation de l'Armée turque le 23 Octobre.
Situation des Armées bulgares le 24 au matin.
Situation de l'Armée turque le 24 au matin.
Situation des Armées bulgares le 24 au soir.
Situation des Armées turques le 24 au soir.
Chemin de fer
Route
Echelle 1:400.000
Eski Baba
Lule Burgas
Démotika
Ergéne

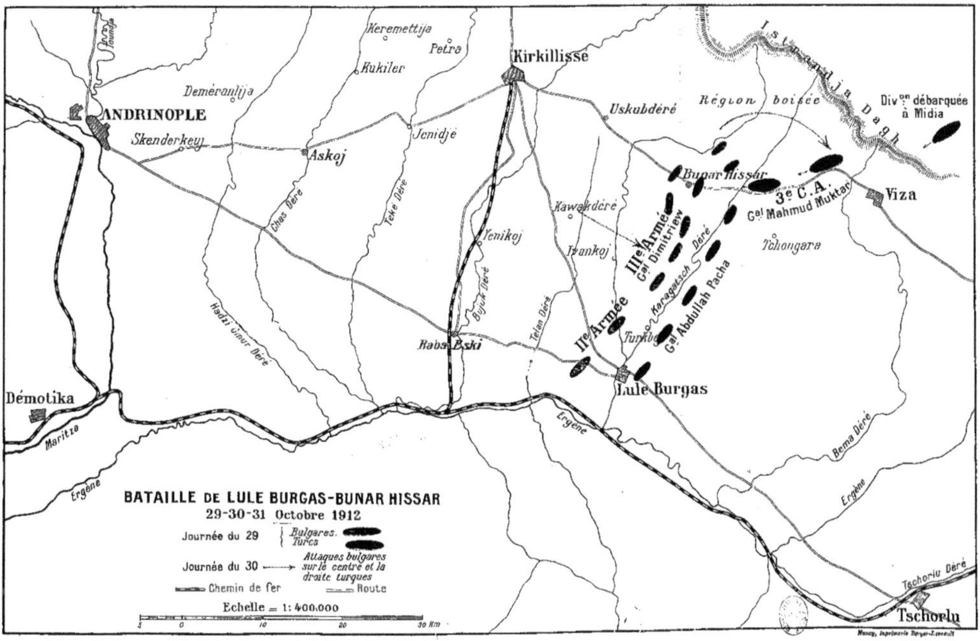

Keremettija
Petra
Kukiler
Déméranlija
Kirkillisse
Uskubdéré
Région boisée
Istrandja Dagh
Div.ᵒⁿ débarquée à Midia
ANDRINOPLE
Skenderkeuy
Askoj
Jenidje
Chias Déré
Teke Déré
Bunar Hissar
3ᵉ C. A.
Gᵃˡ Mahmud Muktar
Viza
IIIᵉ Armée
Gᵃˡ Dimitriew
Kawalidéré
Ivankoj
Yenikoj
Déré
Tchongara
Bujuk Déré
Karagatsch
Gᵃˡ Abdullah Pacha
Telan Déré
Rabs Eski
IIᵉ Armée
Turkbe
Démotika
Hadzi Ginur Déré
Maritza
Ergène
Lule Burgas
Ergène
Bema Déré
Ergène
Tschorlu Déré
Tschorlu
BATAILLE DE LULE BURGAS-BUNAR HISSAR
29-30-31 Octobre 1912
Journée du 29 { Bulgares.
Turcs
Journée du 30 → Attaques bulgares sur le centre et la droite turques
Chemin de fer
Route
Echelle = 1: 400,000
5　0　10　20　30 Km
Nancy, Imprimerie Berger-Levrault.

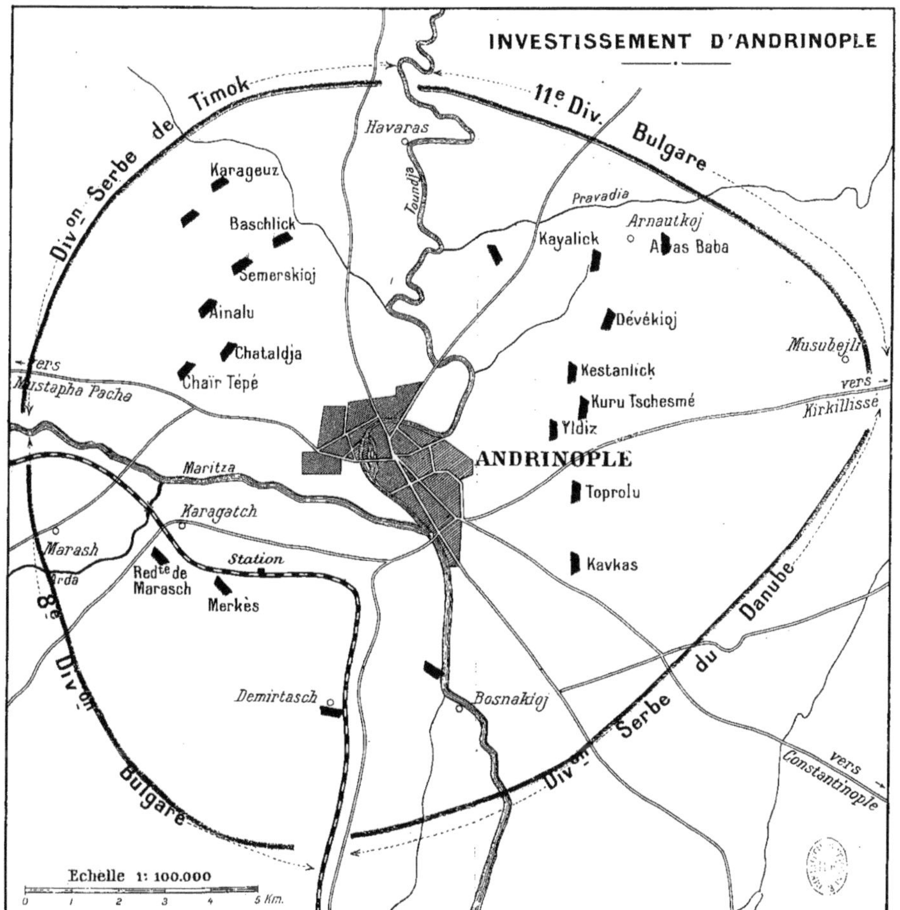
INVESTISSEMENT D'ANDRINOPLE
Div^on Serbe de Timok
11ᵉ Div. Bulgare
Havaras
Toundja
Karageuz
Baschlick
Semerskioj
Ainalu
Chataldja
Chaïr Tépé
Pravadia
Kayalick
Arnautkoj
Abas Baba
Dévékioj
Kestanlick
Kuru Tschesmé
Yldiz
Musubejli
vers Kirkillisse
vers Mustapha Pacha
Maritza
ANDRINOPLE
Toprolu
Karagatch
Marash
Station
Orda
Redᵗᵉ de Marasch
Merkès
Kavkas
8ᵉ Div^on Bulgare
Demirtasch
Bosnakioj
Div^on Serbe du Danube
vers Constantinople
Echelle 1: 100.000
0   1   2   3   4   5 Km.
Nancy, imprimerie Berger-Levrault

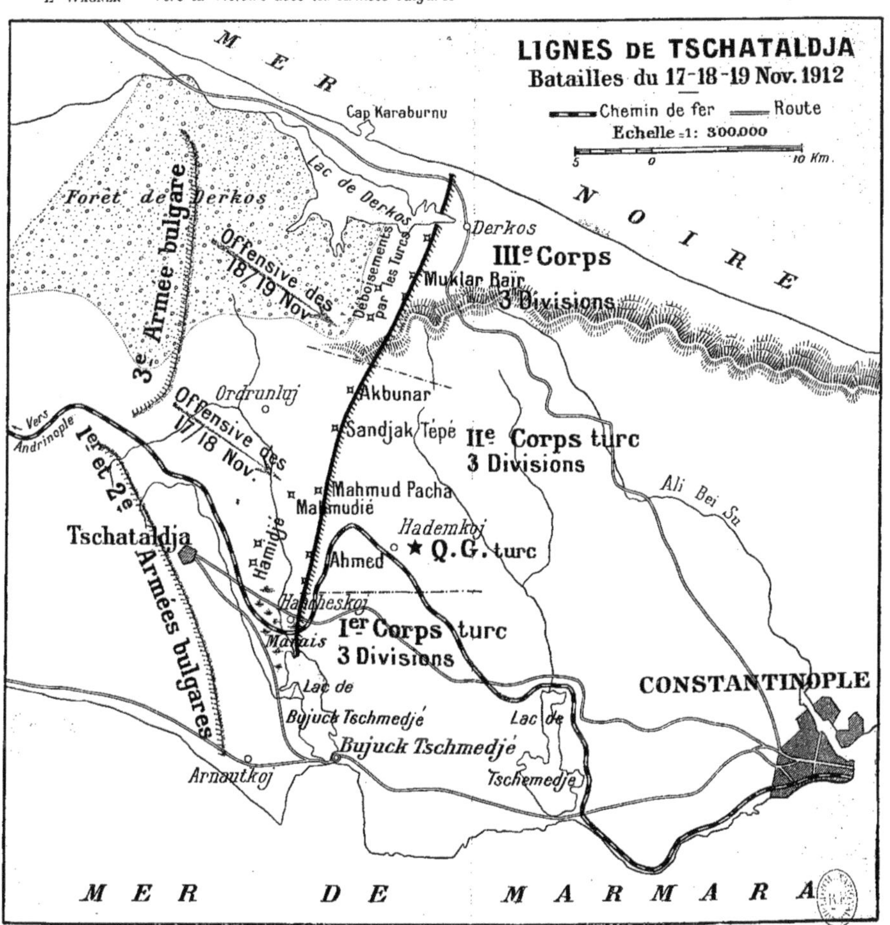
MER
Cap Karaburnu
Lac de Derkos
MER NOIRE
LIGNES DE TSCHATALDJA
Batailles du 17-18-19 Nov. 1912
Chemin de fer — Route
Echelle = 1: 300.000
5 0 10 Km.
Forêt de Derkos
Offensive des 18/19 Nov.
3e Armée bulgare
Déboisements par les Turcs
Derkos
IIIe Corps
3 Divisions
Muklar Bair
Ordrunluj
Offensive des 17/18 Nov.
Akbunar
Sandjak Tepé
IIe Corps turc
3 Divisions
Vers Andrinople
1er et 2e
Mahmud Pacha
Mahmudié
Ali Bei Su
Hademkoj
★ Q.G. turc
Tschataldja
Hamidié
Ahmed
Hademeskoj
Marais
1er Corps turc
3 Divisions
CONSTANTINOPLE
Armées bulgares
Lac de
Bujuck Tschmedjé
Lac de
Bujuck Tschmedjé
Tschemedjé
Arnautkoj
MER DE MARMARA